U0520029

WHEN
THE
EARTH
WAS
FLAT

All the Bits of Science We Got Wrong

地球是平的

关于科学的历史误读

〔英〕格雷姆·唐纳德 著

刘显蜀 译

商务印书馆
The Commercial Press

2019年·北京

WHEN THE EARTH WAS FLAT
Graeme Donald
All the Bits of Science We Got Wrong
根据迈克尔·奥玛拉图书有限公司 2012 年版译出

目　　录

引言 …………………………………………………………… 1
颅相学鉴人术
　　——头骨形状决定人的品性 ……………………………… 3
有害的振动
　　——行进中的士兵能震垮桥梁 …………………………… 10
寻金记
　　——所有贱金属都能变成黄金 …………………………… 15
有益的振动
　　——歇斯底里症仅为女性所有，且只能通过生殖器
　　　刺激来缓解 ……………………………………………… 21
喷云吐雾
　　——烟草能治疗多种疾病 ………………………………… 29
我等皆猴
　　——注入猴子的腺体会让人获得第二春 ………………… 35
从孟德尔到门格勒
　　——人类选择性繁殖中剔除弱者的现象 ………………… 40
关于地球的愚见
　　——地球是平的 …………………………………………… 51

2 地球是平的

从爆米花到莫扎特
　　——潜意识信息对人的影响 ································· 57

维多利亚的秘密
　　——可卡因和海洛因能治疗多种疾病 ··················· 68

天堂香
　　——不洁的气味和不讲卫生导致疾病 ··················· 77

物种起源
　　——进化链条上缺失了一环 ································· 83

以身饲同胞
　　——非洲和波利尼西亚部落热衷同类相食 ············ 94

枉担虚名的鼠辈
　　——老鼠携带的跳蚤导致中世纪的淋巴腺鼠疫 ······ 100

先父遗传
　　——后代会继承母亲前任性伴侣的特征 ··············· 108

来自地底的蓝色乡愁
　　——地球空心学说 ·· 113

北极熊的磁极
　　——外界磁场影响动物体内的生命能量 ··············· 119

液体财富
　　——人体由血液、黏液、黄胆汁、黑胆汁这四种体液构成 ······ 129

参考文献 ··· 135

引　　言

　　从古代到现代，科学多次在真相的道路上迷失方向。

　　这些对于科学的误读往往来自当时人们思想认识上的局限性。由于人体解剖学方面的知识有限，古希腊人认为身体由四种"体液"组成。在十九世纪医学取得进展之前，这一观点一直大行其道。

　　有的误读仅仅是源于愚蠢，比如颅相学。这一理论的发展看似无害，却被利用作为二十世纪晚期卢旺达种族大屠杀的依据。有时，所谓"科学事实"的发现只是为了为不可告人的事件提供幌子，比如政客和基督教右翼对潜意识暗示的利用，而这一学说完全是子虚乌有。无论这些观点具有何种可疑的本质，本书将着重论述人类过去——或许永远——是怎样任科学摆布的。

　　幸而并非所有的关于科学的误读都产生了灾难性的后果。本书中有些例子只会博你莞尔一笑：炼金术士寻找能令所有贱金属变成黄金的"点金石"；振动按摩器有着令人骇然的发展史；"地球空心说"也曾拥有诸多拥趸……科学史册中从来不乏怪异之士，他们的头脑中充斥着疯狂的想法。

　　科学上某些最为荒诞的误读直到最近才被推翻，也许这一点是最令人惊讶的。无论如今人们对医学和科学的认识获得了怎样的长足发展,谁又能保证一百年以后,不会出现类似本书的作品来嘲弄今日被认为正确的智慧呢?

颅相学鉴人术

——头骨形状决定人的品性

数个世纪以来,对于多数关于科学的轻率认识而言,它们虽然曾经大行其道,但是几乎没有产生或真正产生什么危害,它们大都随着人们认识的发展而不留痕迹地消失了。不幸的是,颅相学这一伪科学并不属于这种情况。在其兴盛时期,颅相学波及了广阔领域,导致了诸多不公正和悲惨事件。其中最为残忍的事件是二十世纪末的种族屠杀。

高尔之痛

颅相学的创始人是德国医生弗朗兹·约瑟夫·高尔(1758—1828)。颅相学诞生于维也纳大学,这里也是诞生其他一些关于人类种族的谬误观点的温床(见下面方框中内容)。高尔认为人脑分为二十七个明确的区域,每个区域都是完全独立运作的器官,各自负责特定的功能、性格和天然倾向。

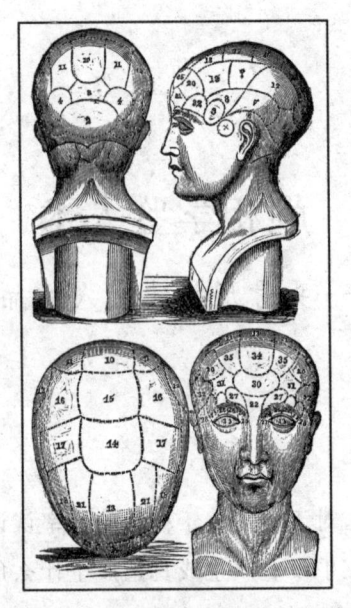

颅相学半身像

来自愚见的教训

1925年的维也纳大学已然成为种族主义思想的温床。其中最为臭名昭著而又影响深远的,莫过于种族优生了。维也纳大学人类学系的系主任、奥拓·雷歇教授是坚决支持该理论,称"所有国内政策、以及至少一部分国际政策,都应该在种族优生的基础上制定"。

一个人如果频繁使用大脑的某个区域,或者让自己任凭该区域控制的情感或生理冲动驱使,该区域就会变得更大——这与过度使用肌肉是同样的道理。说一句公道话,高尔的发现并没有完全偏离正轨:现在人们已认识到,大脑的某些区域的确与具体的功能或性情有关,而其中的一些区域的确可以通过脑力锻炼而增大。

如果高尔的研究仅止于此,那就不会产生什么危害。他的错误是在此基础上提出一个充满了猜测和假设的理论。1805年,高尔认为大脑的二十七个区域在增大的过程中会挤压颅骨,从而在颅骨前部形成各种突起。

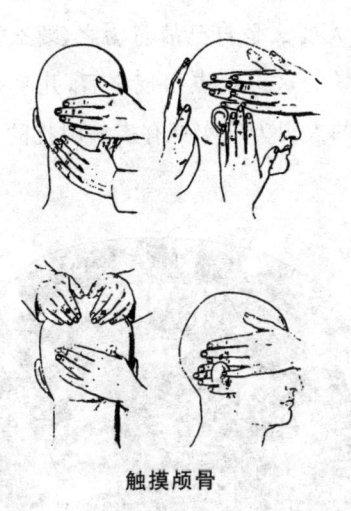

触摸颅骨

大脑训练

2000年3月,伦敦大学学院的埃莉诺·马奎尔教授发表了她关于伦敦出租车司机的大脑中的海马体的生长规律的研究结果。之所以选中出租车司机群体作为研究对象,是为了测试他们利用自己的"专业知识",完成提供伦敦城内指定两个地点之间最佳路线这一高难度的考试任务。马奎尔教授认为,司机工作的时间越长,他们海马体的增大就越明显。

癫狂错乱

高尔为许多谋杀犯、抢劫犯和其他罪犯进行了彻底的颅骨触摸检验,并得出一个结论:这些人的颅骨形状存在大量明显的相似性,这些相似性能够形成规律。他还对精神失常的人进行了类似的颅骨触摸,认为其病症与其大脑某些区域功能不正常有关。这里还是要为高尔说一句公道话,他的想法的确产生了一些积极作用,因为在此之前,人们认为精神失常的人要么是自己故意为之,要么是魔鬼附身,所以经常殴打他们。颅相学的这一观点出现之后,几乎是在一夜之间,人们第一次把精神失常的人视为确实具有疾病困扰的人,并且给予相应的治疗。

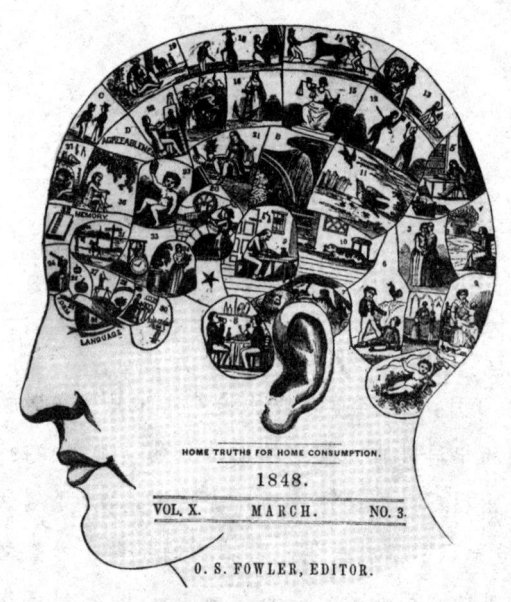

摘自《美国颅相学期刊》(*American Phrendogical Journal*),奥森·福勒主编,1848 年 3 月出版

但是对于之前过着完全正常的生活、只是颅骨的突起部分吻合高尔"经科学证明"的规律的人而言,日子就不那么好过了。有的人很不幸,人们仅仅为了防止他们有不当之举就把他们关了起来。一些名人,如勃朗特姐妹、布莱姆·斯托克等都信奉高尔的理论,并在自己的作品中有所提及,其中包括最为流行的柯南·道尔的夏洛克·福尔摩斯的系列故事。公众从这些二手途径中接受了高尔的

理论的蛊惑，他们认为如果福尔摩斯都认同这一理论了，那么它只能是正确的。

一些公司在用人时也借鉴颅相学，请所谓"专家"触摸检验应聘者的头颅，以免录用到精神不正常的人。法庭上，许多被告被判入狱，而部分罪名是由颅相学家作为"专业证人"的织罗而成。但是到了1820年，高尔的颅相学理论构筑已然出现裂痕，并在1850年轰然倒塌——然而这仅仅是在英国的情形。

福勒犯错

彼时，颅相学在美国正如日中天，主要推崇者包括福勒兄弟，即奥森·福勒（1809—1887）和洛伦佐·福勒（1811—1896）。他们还声称得到了许多名人的支持，比如美国散文家拉尔夫·沃尔多·艾默生（1803—1882）、发明家托马斯·爱迪生（1847—1931）等。给福勒兄弟完全打上江湖骗子的烙印未免太刻薄，但不得不承认二人都有投机赚钱的眼光，并以洛伦佐尤甚。1860年，洛伦佐前往英国进行巡回演讲，因为此行获利颇丰，他决定留在英国。

1872年，洛伦佐在伦敦创办了福勒学院。美国作家兼幽默家马克·吐温彼时也在英国，他想要揭穿洛伦佐的把戏，可惜没有达到预期目的。这位喜欢恶作剧的大作家把自己打扮成一个下等人的模样，请洛伦佐为自己检查颅骨。见面之后，洛伦佐除了收取费用之外，对这位顾客丝毫不感兴趣。他认为马克·吐温的颅骨上有一个非常明显的凹陷，称这表明他完全没有幽默感。洛伦佐还认为马克·吐温缺乏任何创造力，最适合做职员一类的平庸工作。马克·吐温以谦卑的语气诺诺地表达了感谢之情，付费并离去。

> **当时似乎是个好主意**
>
> 1958年，为了在阿拉斯加的汤普森角造一个一英里宽的港口，"氢弹之父"埃德蒙·特勒博士提议引爆他的其中一个"孩子"。谢天谢地，这个想法最终被束之高阁。

大概一个月后，马克·吐温以真实身份又一次向洛伦佐进行了预约。他身穿自己经典的标配白色西装，气派十足，大摇大摆地出现在洛伦佐面前。这一次洛伦佐表现得十分谄媚，对这位名流客户奉承不已。对于先前他所称的马克·吐温头骨上呈凹陷的位置，他这次的说法是这里有"巨大的隆起"，恰好印证了这位国际幽默巨匠的盛誉。作家付费离去后，将自己的经历公之于众。然而没有什么能够阻挡福勒兄弟的风头。为了满足日渐兴盛的颅相学聚会的需求，洛伦佐甚至建立了一个规模颇大的邮购系统来提供各种必需的用品。

如今在古玩店中，可以见到那种标志性的、布满黑色标记的米黄色颅相学半身像，它们几乎全部都是洛伦佐的杰作。这也许无伤大雅，也不像之后风行的占卜板那样具有危害性。除此之外，洛伦佐的另一贡献是为英语词汇增加了"高眉"和"低眉"的说法。如果某人的行为表现得不理智，则可以告诉他们"该让人摸摸头骨了"。但是接下来发生的事情就糟糕了——非常糟糕。

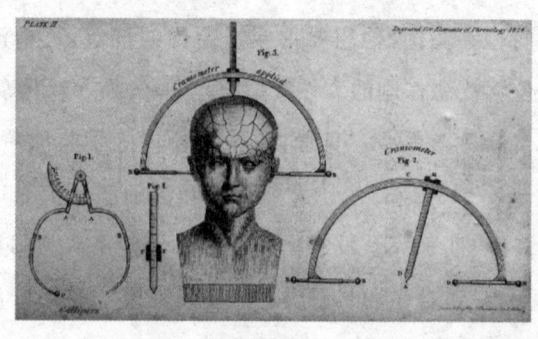

颅骨测量

愈演愈烈

根据1919年签订的《凡尔赛条约》，比利时控制了德国的前殖民地卢旺达。比利时有一个名叫保罗·鲍茨（1900—1990）的牧师兼颅相学家，他在二十四岁时已在该国名声大噪。在鲍茨的推动下，颅相学理论在比利时也蔓延开来。接下来局势就朝着黑暗的方向发展了。他前往国家的多个监狱，用自制的仪器来测量犯人的头颅，并基于自己的测量得出关于哪些人"正常"、哪些人"不正常"的并不可靠的结论。

更糟糕的是，比利时在卢旺达设立的殖民办公室采用鲍茨的仪器来决定种族优越性方面的事宜，种族主义思想开始蔓延。该机构用邮购得来的卡钳量过一些人的头颅之后，宣布图西族比胡图族更优越，并对两个种族实行区别对待，图西族在各方面都占上风并获得各种好处。最终结局我们都知道——1994年，胡图族极端分子杀害了五十万到一百万的图西族和温和派的胡图族。

有害的振动

——行进中的士兵能震垮桥梁

在十九世纪,当士兵行军过桥时,无论其人数多少,都被要求打乱原本一致的步伐。当时的科学认为,所有物体都具有各自的天然频率(即物体在运动状态下能引起其产生共振的频率),所以士兵过桥时更有必要打乱步伐了。人们相信,如果士兵行军的步伐节奏与他们正在通过的桥的天然频率一致,灾难就一定会发生。

塌桥风波

上述观点起源于1831年4月12日布劳顿悬索桥的事故。这座桥位于兰开夏郡布劳顿和彭德尔顿之间的艾尔伟河,由曼彻斯特的富人约翰·费茨杰拉德于1826年出资修建。事发当天,在小约翰·费茨杰拉德中尉的带领下,第60步枪团的七十四名士兵自沼泽地训练归来,准备过河返回位于索尔福德的营房。当士兵们在桥上迈着骄傲的步伐开步走时,桥突然塌了,所有的人都落入水中。幸好河水大概只有半米深,大家受的伤都很轻。

这件事很快惊动了新成立不久的曼彻斯特机械学院的科学

家——费茨杰拉德也为这所学院捐了很多钱。科学家猜测,桥的倒塌可能是由士兵们齐步走产生的共振造成的。这个说法令那些参与修建这所桥的人颇感欣慰——因为布劳顿桥是世界上最早的悬索桥之一,是当地的骄傲,而设计和建造这座桥的人也不希望自己被贴上无能甚或更糟糕的标签。军队也立刻发出指令,所有军人在过桥时,无论人数多少,必须打乱步伐,以随意的步态通过,以免把桥震塌。

不看不知道:科学谎言大揭秘

- 离心力并不存在。
- 热量并不会上升,而只是在空间内均匀分布。
- 胃溃疡不是由压力或辛辣食物引起的,而是由一种叫作幽门螺旋杆菌的细菌引起的。
- 量子跃迁的意思不是巨大的飞跃进展,而是物质从一种状态转变到另一种状态、没有发生任何能够觉察的变化时伴随的微小转折变化。

螺栓与螺母

尽管现实中的确存在机械共振,但它与桥塌无关,齐步走的士兵和桥塌也没有关系。风波过后,与修桥出资人没有关联的工程师调查了现场,发现将其中一根悬索固定在锚钉上的一枚大螺栓断裂了。工程师还发现,很多其他固定悬索的螺栓也都出现了裂缝或弯折。这些螺栓是备件,替换在此之前就出了故障的螺栓,在出事之前已经使用了三年。

随着调查的深入展开,人们发现著名结构工程师伊顿·霍奇金森(1789—1861)曾对悬索的强度表示怀疑,并建议在安装之前对悬索进行检测。这是非常明智的建议,可惜没有引起人们的注意。另外,如果士兵的行进能够导致桥梁坍塌,为什么桥没有在士兵们过桥前往科萨雷沼泽时倒塌呢?事实上,桥本来就要塌了,恰好在士兵过桥时因为承受不住他们的重量而最终倒塌。这与士兵以整齐的步伐前进没有任何关系。桥的倒塌主要是机械故障造成的,是设计和建造的缺陷所致。

迷思不解

尽管如此,人们仍然相信齐步前进会把桥震垮。1850 年 4 月 16 日发生在法国的昂热悬索桥倒塌事件似乎更加印证了这一点。事发当天有狂风暴雨。一个营的约 500 名士兵通过该桥时,两根悬索崩断,桥随之坍塌,共有 226 名士兵在此次事故中丧生。这一次,尽管士兵们已经按照命令拉开距离并打乱步伐,人们仍将之归咎于行进所导致的同步共振。此外,该地区驻扎着很多军队,士兵们经常通过该桥,有的在过桥时打乱步伐,而有的没有。事发当天的早些时候,隶属同一个团的两个营也从这座桥通过,桥却安然无恙。事故调查中也有类似的发现:发生断裂的悬索的锚固点出现了锈蚀。昂热悬索桥的倒塌原因和布劳顿悬索桥是一样的,都是因为机械故障。

昂热悬索桥倒塌

> **摇摇晃晃的千禧桥**
>
> 2010年3月，物理学教授伯纳德·J.费尔德曼在《今日物理》(*Physics Today*)上发表了一篇名为《摇摇晃晃的伦敦桥》(London Bridge's Wobble and Sway)的文章，质疑了同步共振是导致2000年6月开通的千禧桥产生摇晃的观点。他的一个重要论据是，行人走路的频率是桥横向震荡的两倍，因此不太可能产生什么影响。

疾风乍起

1940年，美国普吉特海湾的塔科马窄型悬索桥发生坍塌，其原因又被自动地归结为风力引起的共振。因为这座桥的桥面总是晃动不已，即便在建造过程中也是如此，于是它得了一个绰号叫作"飞驰的格蒂"。即便如此，这所桥后来坍塌时只造成了一起伤亡事件，遇难的是一只叫作"塔比"的西班牙猎犬。

根据设计，该桥能够抵御120英里/小时的风力，但事发时的风力仅为40英里/小时。尽管如此，桥塌以后，人们依然立刻将事故原因归结为风力引起的共振。人们认为风刮过桥时形成一股旋风，旋风的振荡频率与桥的天然频率相一致。当振动达到一定强度时，桥便坍塌了。

疑云出现

时至今日，仍然不乏关于"格蒂"桥因机械或风引起的共振而坍塌的说法，但是也有一些不同声音。罗伯特·H.斯坎隆（1914—2001）写了好几篇文章抨击上述观点。作为金门大桥项目的主要顾问，他的话具有一定权威性。斯坎隆是悬索桥结构的空气动力学和气动弹性力学研究领域的先驱,在国际上享有盛誉。他,以及这一领域的其他重要人物,经常向塔科马共振理论泼冷水。

P.约瑟夫·麦肯纳教授和艾伦·C.拉泽教授在《摇滚之桥》(Rock and Roll Bridge)中,提供了一个反驳塔科马共振理论的非常有说服力的例子。这两位教授认为共振是对精确度有很高要求的自然现象。以玻璃杯的碎裂为例,麦肯纳和拉泽两位教授描述了令扰动频率与物体的天然频率相匹配所需的特定条件。而塔科马桥坍塌之夜的狂风暴雨是不太可能提供如此"精确而持久的条件"的。两位教授将桥塌的原因归结为桥在风暴中经历了各种振荡,而这些振荡导致了桥面的大幅度扭转。我还想说的是,桥面在风中猛烈振荡向悬索施加的压力也是一个因素。

尽管布劳顿桥、昂热桥和塔科马桥的坍塌情形各有不同,但都与共振理论无关。然而科学上历时弥久的谬见是不那么容易消失的,所以时至今日,士兵在过桥时总还要打乱步伐,以防该无稽之谈万一应验。

飙高音

关于共振的另一个荒谬的说法是:人的声音能够震碎玻璃杯。在十九世纪,科学家认为歌剧演员唱出的高音,如果时间足够长,能够将玻璃杯震碎。然而在沙龙里进行的多次实验,尽管震耳欲聋,却未能证实这一点:人发出的声音似乎就是威力不够大,不能震碎杯子。无论是采取怎样的把戏——比如以人的高音为掩护,偷偷用气手枪击碎杯子——科学又一次高估了共振的力量。

另一个更为新近的事例来自一则电视广告。艾拉·费茨杰拉德显然利用作弊手段玩了一个类似的把戏,秘密在于杯子本身:事先通过敲击杯子找到它的共振音调。这个音调要录下来,然后表演时通过扩音器对着杯子的方向回放,直到杯子碎裂。人发出的声音缺乏足够的力量——其中音量是关键。

寻 金 记

——所有贱金属都能变成黄金

炼金术(Alchemy)是现代化学的起源,而炼金术本身渊源何在,人们不甚明了。有人认为它源自阿拉伯语中的"al-Khemia",意为"黑土(之邦)",是埃及的一个古老称谓。十一世纪,摩尔人将炼金术引入西班牙,炼金术由此进入欧洲。人们想要通过炼金术实现一些宏伟的目标,比如发现长生不老的秘密等。此外,炼金术的主要目标(亦是人们对这门"科学"印象最深之处)是寻找"点金石"——一种能将贱金属变成黄金的物质。

基本物质

炼金术的理论基础是亚里士多德"所有物质都具有相似性"这一观点:构成卷心菜和砖块的是完全相同的物质,只是它们展现出了不同的形式和"精神力"而已。如果要想把卷心菜变成砖块,或者把铅块变成黄金,首先要找出卷心菜或砖块的"精神力",然后将二者融合。

尽管炼金术士承认土、火、水、气这四大元素的存在,他们坚决认为这四者是同一物质的不同表现形式。例如将水加热,水会变成气体,气体冷却后又形成水。炼金术士认为这些自然现象印证了他们的基本理论前提的正确性。

在炼金术士的圈子里,对点金石的寻求被称为"Magnum Opus"(意为"伟大的事业"),现在这个词用来形容一个人艰苦卓绝的努力。但有一个始终无解的问题:为什么那么多聪明人会受骗相信如此荒唐的理论呢?如果铅块能够轻易变成黄金,黄金的价格就会下降,最终与铅块趋同。但是贪婪似乎蒙蔽了所有人的眼睛——炼金术士在中世纪的欧洲随处可见,他们招摇撞骗,肆意"打劫"富有而贪婪的贵族。当他们表演了几个看似神奇、实际上非常拙劣的把戏之后,贵族们就会迫不及待地把要自己的钱撒出去。

关于点金石的艺术创作

名人亦追随

并非所有的炼金术士都专门敲诈容易受骗的有钱人,他们当中不乏致力于寻求万物之答案的聪颖之士,他们在这个过程中为科学和医学的发展进步做出了巨大的贡献。炼金术师帕拉塞尔苏斯(1493—1541)第一个发现锌并为之命名。此外,他还发明了劳丹酊——这是一种含吗啡的酒精饮料,后来为维多利亚时代的英国女王所青睐,直至1920年含鸦片的产品被禁止在柜台出售。(见本书的相关章节页:维多利亚的秘密)

不看不知道:科学谎言大揭秘

- 舌头上不存在什么味蕾地图,所有味蕾都可以尝出甜、酸、咸等味道。
- 你在感冒时丧失的是嗅觉,而不是味觉。
- "第六感"这种说法很愚蠢,因为人类实际上拥有十九种感觉。

炼金术是诱人的。在帕拉塞尔苏斯的时代和接下来的一两个世纪,炼金术更为符合道德的组成部分与主流科学的界限变得模糊起来,连伊丽莎白一世女王的顾问约翰·迪伊(1527—约1608)和世界上最伟大的科学先锋——伊萨克·牛顿爵士都被牵扯进来。但并非所有的实验都取得了成功。著名的炼金术士浮士德博士(1480—1540)在神学界树敌无数,其中几个人就是被他的炼金秘方毒杀的。为了寻找"生命之水",他最终在一次用甘油和酸做实验时把自己炸成了碎片。

迈克尔·麦尔(Michael Maier)的有炼金术寓意的著作《疾行的阿塔兰特》(Atalanta fugiens)描绘的一个情景:金和银(即太阳和月亮)结合在一起

如果浮士德博士使用的酸是硝酸,那么他在爆炸后没有留下尸体就毫不奇怪了。他本可以提前两百年发明出一种具有极强爆炸性的液体——硝化甘油,其问世后用于炸药的生产。博士在爆炸后消失了,然而教会将此解释为魔鬼的杰作。

实验成果

如果浮士德博士发现了硝化甘油,并且因此在不到一秒钟的时间内丧命,他并不是为探索这门传统科学而献出生命的唯一一位炼金术士。然而,炼金术的邪恶声名却为炼金术士的发现罩上了一层令人怀疑的面纱,也使炼金术招致了来自教皇的反对,结果便是阻碍了科学的发展。当时的基本观点是,如果是来自炼金术士实验室的,那就无异于魔鬼本身的作品。

波兰的炼金术士迈克尔·山迪佛鸠斯(1566—1636)便是其中一位先驱者。他通过加热硝石得到氧气,比神学家约瑟夫·普里斯特利(1733—1804)在1774年得到同样的"发现"并获得赞誉提前了两百年。山迪佛鸠斯向荷兰炼金术士克尼利厄斯·戴博尔(1572—1633)分享了自己的这一发现,后者进行了大规模且超前的实际应用。1620年,戴博尔在伦敦造成了世界上第一艘可容纳十六人的可驾驶潜水艇。

戴博尔发现,通过加热硝酸钾或硝酸钠,不仅能得到氧气,而且这一过程也把硝酸盐转化成了氧化物或氢氧化物,转化的产物会吸收积累的二氧化碳。如此一来,戴博尔发明了一种原始却有效的再呼吸系统,类似的发现在三百年后才出现。英国皇家海军在泰晤士河对装有这种系统的潜水艇进行了检验,国王詹姆斯一世也出席了。这艘潜水艇满载着船员,在泰晤士河水下五米处来回航行,潜航的时间超过了三个小时。但人们仍然认为这是撒旦在捣鬼,而海军也丧失了将潜水艇用于战争目的的机会。

走进实验室:(A)铜制蒸馏器;(B)蒸馏器顶部;
(C)冷却介质;(D)冷凝管;(E)接收器

声名狼藉

尽管这些先驱们取得了如此卓越的成就,但聚光灯下受人瞩目的却是一些江湖骗子,他们令炼金术声名扫地。哈布斯堡王朝尤其信奉炼金术。神圣罗马帝国的皇帝费迪南三世(1608—1658)受到炼金术士蒙蔽,对炼金术深信不疑。为了得到黄金,费迪南三世给予奥地利炼金术士约翰·里希豪森大量财富,而后者得到钱财之后立刻逃之夭夭。利奥波德一世(1608—1658)也有类似的经历。直到哈普斯堡王朝的最后一任女王玛丽娅·特蕾莎(1717—1780)执政时,情况才有改变,这位聪明的女王下令禁止在其国度进行任何变金子的尝试。

但是现在看来,即便最糟糕的炼金术士,毕竟也在求知的路上探索着。今日,粒子加速器被用来进行改变物质的实验,比如位于法国和瑞士边界的大型强子对撞机,方法是通过撞击某种物质的自由中子或质子，或者用另一种物质的中子去撞击该物质。所以，尽管用化学手段改变物质不太可能，然而在物理领域并非如此。1972年，贝加尔湖畔研究基地的一些苏联物理学家在报告中称，他们在一次例行检查中发现一个实验反应堆的导流罩的铅衬变成了黄金。这自然引起了西方国家的怀疑，直到1980年，诺贝尔化学奖得主格伦·西博格在加利福尼亚大学取得了同样的结果，质疑才得到平息。

西博格应用核物理学原理，通过取出铅和铋中一定数目的质子和中子，成功地将这两种金属中的数千个原子变成了黄金。尽管这在某种程度上会印证炼金术士的观点，但这项实验造出黄金的成本，是传统方式开采黄金的成千上万倍。所以，黄金市场在一定时间内还是可以高枕无忧的。

有益的振动

——歇斯底里症仅为女性所有，且只能通过生殖器刺激来缓解

"歇斯底里症（hysteria）"与"子宫切除（hysterectomy）"这两个词具有相同词源，都来自于希腊语"hustera"，是"子宫"的意思。从古代到现在，医学界一直认为歇斯底里症为女性专属，这是一种由病人子宫或阴道内的失调而导致的病症。在这一牵强附会的观点的影响下，诞生了一种针对歇斯底里症的疗法，而后者也让前述观点显得更为滑稽可笑。时至二十世纪，这种疗法仍然在沿用。尽管今天，该疗法的从业者已然不属于医学领域，但它曾被载入医学史册，并间接地推动了振动性玩具产业的发展。

间歇性快乐

1563年，荷兰内科医生皮埃特·范·福里斯特（1521—1597）在他的医学观察辑录中写了下面一段内容，这些内容被公开发表，表明他赞同如下的一种沿袭数世纪之久的对治"歇斯底里症"或"子宫疾病"的疗法：

这些症状出现时,我们认为有必要请助产士予以帮助,用一根手指蘸取百合花油、麝香树根油、番红花油等,在病人的盆腔内进行按摩。如此,病人会产生间歇性发作。伽林(Galen)和阿维森纳(Avicenna)等人均赞同本疗法。格拉迪(Gradus)尤其推荐孀妇、生活贞洁和皈依宗教的女性采用本疗法。不建议非常年轻的女性、妓女或已婚女性使用,建议这些人与自己的伴侣进行交合。

换言之,如果一个女人变得易怒或好争执,只要刺激她的私处即可,无论是何种形式。

这种针对女性的观点盛行达几个世纪之久。在维多利亚时代,很多男性根本不重视女性,甚至不认为她们有性欲或能够达到高潮,就连很多医生在此方面的认识也同样蒙昧。

根据这一古老的观点,维多利亚时代的医生对任何表现出"忧郁"症状而易怒的女性,都会建议对其进行私处按摩。所谓"忧郁",是一个描述女性诸多症状的概括说法,它包含了疲倦、气短、失眠、食欲不振、易怒等,或者干脆是与丈夫意见不合。有很多文献记载医生抱怨由医生协助病人产生"间歇性发作"所需的时间太长,因为有的病人不肯合作,耗费他们很多时间才达到效果。这里说的"间歇性发作",不过是性高潮的委婉语罢了。

令人惊讶的是,医学界并没有意识到这些间歇性发作便是女性的性高潮。而病人则不同了,大部分病人在接受第一次治疗后就会称自己感觉好多了,并立刻同意参加后续治疗。因此,妇科按摩诊所遍布欧洲和美国——而在如今,类似场所的叫法可是大不相同了。

供给与需求

随着对该疗法的需求以惊人的速度增加,医生们开始抱怨他们的手指和手腕酸痛,是重复性劳损(RSI)的受害者。他们的说法很快得到了认可,这也是关于重复性劳损的首次被认可。瑞士人为此发明了一种能够产生较好的连续按摩效果的手持发条装置,算是提出了解决之道。但是它的效果有些差劲,总是在病人即将出现间歇性发作的症状时停止工作——这些症状包括气促、脖颈周围和治疗区域的皮肤出现潮红,以及病人时而发出呻吟声。我们只能认为,在十九世纪,没有一名医生的妻子能够享受到性的乐趣,因为她们的医生丈夫根本不明白病人的反应真正意味着什么。

接下来要出场的是一个更为成功的发明,那便是水疗按摩了,即用水流按摩病人的阴蒂,从而让病人迅速产生强烈的间歇性发作。它很快便受到了病人的追捧,这是意料之中的事情。而医生也不得不承认水疗按摩会产生更加强烈的间歇性发作,从而对病人更加有好处。于是需求爆发了。

但是,由于这类设备成本高昂,并且为这种治疗准备的房间也不会有其他用处,只有最富有的医生和病人才能接触到水疗按摩。水疗中心应运而生(最近又重新风行),医生们建立秘密的诊所,女士们蜂拥而来,以她们自己的方式"与水相伴"——一天两次,一周为一个疗程。

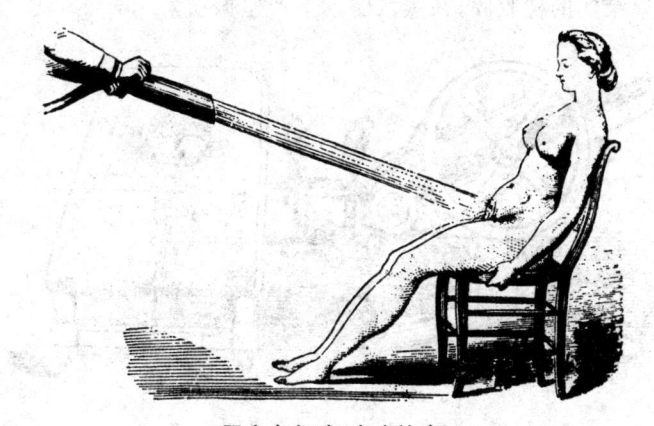

胆小者勿试:水疗按摩

> **步履轻盈**
>
> 我们可以从著名法国医生昂立·斯固德顿在1843年关于用水振治疗"女性盆腔充血"的笔记中得知,为什么这一疗法会迅速受到追捧:
>
> 水流带来的感觉首先是痛楚,但是很快地,按摩产生的效果、高潮消退后的反应(令皮肤潮红)以及重新建立起来的平衡,都会让病人产生愉悦的感觉。治疗时间通常是四到五分钟,医生往往要提醒她们不能超过规定的时间。冲洗之后,病人擦干身体,重新束上紧身胸衣,然后步履轻盈地回到自己的房间。

机器主宰

1868年,纽约的乔治·泰勒(George Taylor)医生厌倦了用手来缓解女性患者的歇斯底里症:为了帮助病人达到她们所要求次数的间歇性发作,他的手劳累过度,连高尔夫球杆都握不好了。于是泰勒医生带来了新发明:一张装有按摩器的治疗桌,振动部件位于桌子下方,表面覆以结实的橡胶膜,在蒸汽驱动下产生振动。

笨重的按摩器和治疗桌

这个发明立刻风靡了医学界。它操作简便,医生无须付出大量辛苦,只需让病人趴在桌子上,让"治疗部位"对着桌子中央的孔,然后医生开动机器即可。为了达到成功的治疗效果,病人可以对自己的位置进行细微调整。但是泰勒医生的发明很快也暴露了许多问题:它体积大,样子笨,有噪音,而且病人认为它不够有人情味。显然,大部分病人都喜欢与真人接触。

格兰维尔的锤子

1880年,英国的约瑟夫·莫蒂默·格兰维尔医生(1833—1900)提出了解决办法。他发明了世界上第一个临床使用的手持式电动按摩器,并为之申请了专利。格兰维尔医生喜欢称其为"叩诊锤",但别人都叫它"格兰维尔的锤子",这让他颇为懊恼。

从外观上看,叩诊锤既像吹风机,又像机修工用的拧螺栓的工具。它可以安装各种不同形状的橡胶头,不用时可以挂在便携式支架上。最棒的是病人都喜欢它,她们一次次地蜂拥而来接受叩诊治疗。然而格兰维尔本人从来没有操作过自己的发明,在《以神经振动和刺激治疗功能障碍和器官疾病》(Nerve Vibration and Excitation as Agents in the Treatment of Functional Disorder and Organio Disease, 1883)一文中,他这样写道:"我从未对女性患者实施过叩诊治疗……我之前一直避免这样做,今后也会如此,因为我不想受到歇斯底里症的奇想蒙蔽并误导别人。"

1902年,美国市场对格兰维尔的发明进行了改良,其外形不再那么具有工业化气息,主要用于"自我治疗"。该产品为秘密的女性按摩场所以及"盆腔叩诊"医疗市场敲响了丧钟。首先通过汉美驰家用电器公司进行销售(这个公司今日仍在运营)。这一产品是世界上第五项小家电，前四个分别是电风扇、电热水壶、缝纫机和弹出式烤面包机。

不断变革：便携式振动按摩器

市场沸腾

商机巨大，市场为之沸腾！产品需求非常旺盛，从《西尔斯-罗巴克商品目录》(Sears-Roebuck Catalogue)到《女性家庭良伴》(Woman's Home Companion)，各种受人尊敬的出版物上登满了振动按摩器的广告：从1000脉冲/分钟的"经济欢乐型"，到高端产品，各种型号种类一应俱全，满足不同价位需求。高端产品中，有一款叫作"查特努加"的8000脉冲/分钟的产品，售价约200美元，能为消费者提供极好的体验，极受追捧。

"查特努加"为立式，高约一米，带有一个"操作臂"，其前端形状类似一个大的栓剂。"操作臂"可上下调节，以便高度符合病人需要。如今，医生不能再通过手淫式的疗法从病人身上获取丰厚的收入，于是纷纷放下身段，争先恐后地推销起了类似的仪器。《女性健康》(Health for Women)对其亦大加推崇，称其是经受"盆腔充血"痛苦的女性的唯一希望，她们能在使用之后找回"曾在自己体内跃动的所有青春乐趣"。

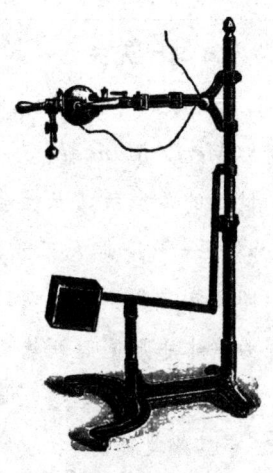

"查特努加"

贴心小淘气

在美国和欧洲，数以万计的女性为之心醉神迷。而男人们一边捻动着他们打了蜡的胡须，一边咕哝着抱怨"女人的问题"。也许现代的读者会感到难以置信，但是直到二十世纪，成千上万的女性仍然由医生对她们定期进行手淫，而她们的丈夫们对此并不以为意。在那个时候，大部分男人，包括医生都对女性的性欲知之甚少。性是让男人来享受的，而女人只能忍受——这是自然规律。无怪乎女人都对这种由医生给她们带来的间歇性发作趋之若鹜，或者花钱购买类似"查特努加"的装置。

二十世纪二十年代，医生不再向病人提供手淫疗法，女性振动按摩器也发展为由电池驱动的便携式装置。随着它们在不断壮大的色情电影里经常出现，最后终于褪下了那层薄薄的廉耻面纱。1952年，"歇斯底里症"连同其所有症状，终于不再被认为是一种病症了。

> **与性无关**
>
> 所有关于振动疗法的一切并没有被视为医学领域中隐秘而下流的副业。《默克手册》(*Merck Manual*)是一本至今仍受尊敬的医疗指南,根据其二十世纪的首发版,"女性歇斯底里症"是一种医学病症,并且"盆腔按摩"——无论是人工或器械形式——是其唯一有效的疗法。另外,即便在二十世纪初期,也没有人认为这种振动疗法具有性意味,因为这本手册同时还建议,对于任何显示出对性过分感兴趣或者从性唤起中得到"过多乐趣"的女性,应该对其阴蒂部位施用硫酸来剥夺其感受能力。

喷云吐雾

——烟草能治疗多种疾病

烟草(tobacco)这个词起源于早期加勒比词汇,意为雪茄(呈雪茄形状的多巴哥岛[Tobago]也由此得名)。大约在1518年,西班牙人第一次将烟草自美洲引入欧洲,但主人公不是传说中的沃特·罗利爵士(Sir Walter Raleigh)。烟草第一次被引入西方时,人们将其视为可治疗困扰人类大部分疾病的神奇药物而大加欢迎。

万能良药

烟草这种有害的作物在引入欧洲时却被奉为神奇的草药,引入者向西班牙和葡萄牙王室着重转述了当地人关于烟雾灌肠法种种好处的大量溢美之词,欧洲人随即效仿这种行为。那个时候,烟雾灌肠疗法被称为"格力斯特斯"(glysters),盛行于欧洲大陆,这股风潮一直延续到十九世纪中期。

西班牙内科医生兼植物学家尼古拉斯·莫纳德斯(1493—1588)对烟草进行了一些研究,进一步宣扬烟草有诸多好处。他著书宣称烟草可以治疗从便秘到癫痫等各种病症,该书分为三部分,在1565年到1574年间陆续出版。随着莫纳德斯的发现被广为人知,人们开始用烟雾来治疗各种疾病——耳朵疼的人拿它来熏耳朵,鼻窦有问题的人用鼻子来吸入烟雾,肠胃方面的问题也让烟雾经身体相应的通道来进行治疗。其实,有一个非常重要的细节似乎在翻译的过程中被遗漏了,即当地烟草商人只用烟草来给马治疗便秘。

第一部禁烟令

世界上第一部全国范围内的禁烟令是由阿道夫·希特勒促成的(这可能会让反烟草人士感到意外)。自从纳粹的医生首次发现吸烟和肺癌之间存在的联系以及香烟对胎儿的潜在危害之后,希特勒政权采取了一系列减少烟草消费的措施。

纳粹德国禁止人们在公共交通工具、防空洞、特定公共场所和饭店吸烟,并且禁止在广告里宣扬吸烟行为。纳粹空军和纳粹党卫军的军官在当班时间内也不允许吸烟。

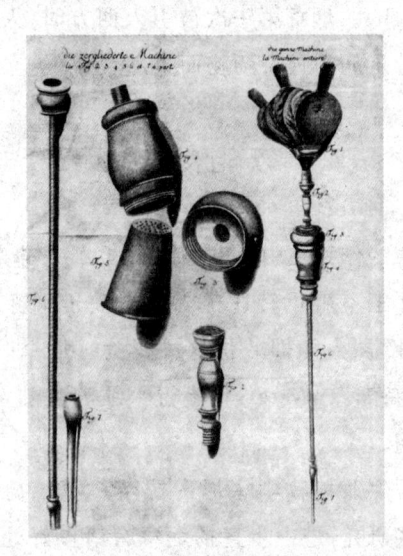

做好准备:专用工具

尽管如此,烟雾疗法还是风靡了整个欧洲,其中以烟雾灌肠疗法最受欢迎。今天也许难以想象，但在十六世纪早期到十九世纪中期这段时期里，大人物们会耐心排队，等待把烟雾通过一个既像风箱、又像香炉的装置从后部喷到身体里。

各取所需

尽管普通人更喜欢用一种更传统的方式来吸入烟草产生的烟雾，有钱人还是欣欣然地采用烟雾灌肠法。虽然过程颇为不雅，这一风潮却催生了一个实实在在的产业，它有着自己的等级次序和尊卑划分。处于最底层的是"柠檬仆人"，他们的差事可不怎么样，主要是在病人摄入"烟雾"之前用柠檬进行清洁。

1650年10月，牛津发生了一件事情，让人们更加确信烟雾灌肠法具有神奇的效果。一个名叫安妮·格林的年轻女仆被指控谋杀了自己的孩子并被判罪，其实孩子在生下来时就是死胎。安妮·格林在一群喧嚣的暴民面前被绞死，她的尸体被取下来用马车运走，供医学实习生解剖之用。

在这个过程中，停尸房有人似乎看见格林的手指动了一下，于是立刻给她进行了烟雾灌肠，以便让她苏醒。结果成功了，安妮·格林坐了起来，显得既惊讶又困惑。人们也赦免了她。格林成了神奇的烟雾疗法活生生的广告。随着烟雾疗法大行其道，它在医学领域也登堂入室。1774年，"抢救溺水者协会"成立，目的是抢救溺水者，挽回其生命。该协会受安妮·格林事件的启发，用公众捐款在伦敦的泰晤士河流域，以及伦敦一些较大湖泊的重点位置建造了实施烟雾灌肠法的小屋，以便提供一种确认溺水者死亡或者令其复苏的万无一失的方法。尽管一开始不怎么靠谱，该协会后来还是取得了巨大的成功，因为它就是今天的英国溺水者营救会。

> **所有闪光的……**
>
> 尽管烟雾疗法声名鹊起,但是没有得到所有人的认同。据说莎士比亚的《威尼斯商人》中的台词"所有闪光的并非都是金子"①就是针对这种做法的一个双关语。
>
> 此外,这种疗法在美国也不那么受欢迎。有个说法叫作"向某人的屁股喷烟",就是根据对烟雾灌肠法可信性的质疑而产生的,意思是试图进行欺骗。

> **逝者依依**
>
> 格林的烟雾疗法故事广为流传,富人们由此有了一个新的习惯,那就是给刚刚去世的人的身体里喷入烟雾,"以便确认"——看来人即便死了也躲不过这烟雾灌肠。十九世纪早期,随着这一做法的衰落,如果担心有人被活埋,可以在棺材里装一个铃铛,以便让墓地工作人员知晓情况。有些人认为,通过这种做法,聆听孤单铃声的墓地守夜人会渲染出诸如"按铃的死人"、"被铃铛救了一命"或"墓地当班"的说法,但事实并非如此。

烟草有毒

十九世纪早期,随着科学研究逐渐披露烟草的毒性,烟雾疗法步入衰落。英国生理学家兼外科医生本杰明·布罗迪爵士在这一领域取得了最为突出的进展,他发现烟草中最主要的成分——尼古丁能够进入血液循环。然而此时烟草能够根治疟疾仍然是医学界的主流思

---

① "all that glisters is not gold"是双关语,"glisters"也可以是"glysters",即烟雾灌肠疗法。

想。无论这听上去多么不可能,请不要忘了在这个时期,关于细菌的理论还没有得到广泛的接受,人们认为所有疾病都是由不好的气味传播的(例如疟疾的字面意义就是"不好的空气",参见本书相关章节:天堂香)。每逢霍乱爆发,都有大量烟草免费发放,甚至孩子们也要一口接一口地猛吸,用烟雾来抵御霍乱"气体"。

烟雾灌肠法所需的工具

清肠法的盛行

十九世纪中叶,尽管烟雾疗法已经全面衰落,但它的影响经久不衰——喷烟仆人消失了,但有地位卑微的柠檬仆人取而代之。人们已经习惯、甚至痴迷于往身体里塞点什么东西,而且他们似乎打定了主意,即便不能再喷烟,为什么不把用柠檬来清洗的做法保留下来呢?尽管有证据表明古埃及人和古希腊人对诸如此类古怪的"保健法"情有独钟,清肠法是在十九世纪产生的,目前仍存在,但其效果尚未确认。已故的戴安娜王妃生前有清肠的习惯,她每周要进行三次这种"皇家冲洗",每次要用多达十二加仑的经消毒的矿泉水,用量不可谓不惊人。

由于十六世纪的一个细节上的翻译导致的疏忽,我们今天收获了价值数十亿英镑的清肠产业。如今享受清肠的人,和过去拥护烟雾疗法的人并无二致。我们要原谅实施烟雾疗法的人,因为他们知之甚少;但对于如今主张清肠的人,情形就不同了;这些人力图让病人相信,我们的大肠内壁沾满了排泄物的残渣,它们让我们的身体经受着一个慢性中毒的过程。

自从有记录以来,没有任何一例尸体解剖发现支持上述说法的证据,而且清肠法是危险的,它会产生从阿米巴感染到内脏穿孔、心脏衰竭等诸多副作用。就个人而言,我认为从身体的另一端摄入六品脱的烈啤酒会更加安全,也更加有乐趣。

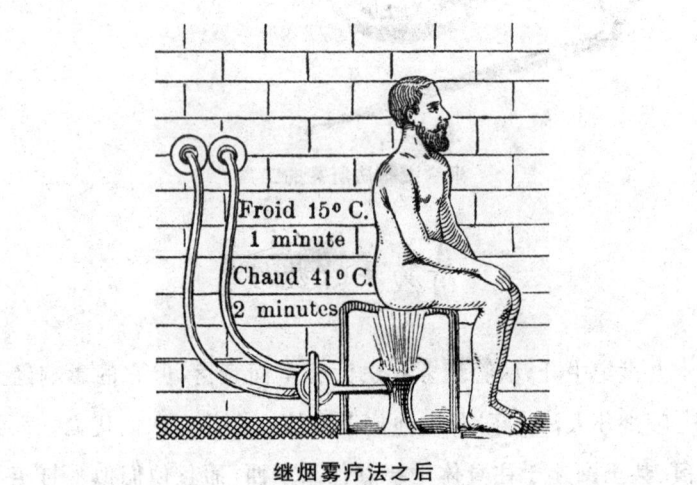

继烟雾疗法之后

我等皆猴

——注入猴子的腺体会让人获得第二春

数世纪以来,人类——毋宁说是男人——一直在苦苦寻找一种能够极好地唤醒女性性欲、从而臣服于任何一位男子的物质,或者说能够让男性重振雄风的物质。在二十世纪晚期万艾可(确切地说它不是壮阳药)问世之前,最有名的催情剂由斑蝥的翅鞘制成,自罗马时代以来,它就被耽于淫欲的人使用和滥用着。

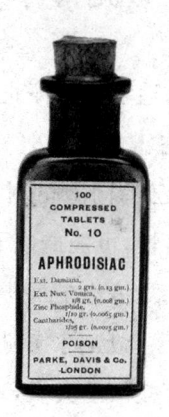

为君助兴:一种含有斑蝥的催情剂

这种药物为何能名声经久不衰,确实令人费解,因为它所产生的最接近催情效果的症状是尿路感染,其他副作用包括呕吐、腹泻、肾脏的永久损伤、心律失常以至死亡。它根本不能助人点燃欲火,只能让欢愉变得扫兴。然而时至今日,它仍以液体或片剂的形式在市面上售卖,被那些拿生命来冒险、甚至根本不想活的人买走。

爱之食物

数世纪以来,有多种食物被认为具有催情效果,但是都昙花一现。十六世纪的西班牙探险家一度迷恋一种产自墨西哥的呈卵状的果实——鳄梨,尤其是听说这种果实的名称在当地语言里是"睾丸"的意思之后。风流的征服者立刻将这种水果运回国内,将其制成膏剂卖给愚蠢的老男人,让他们坐在外面晒太阳时涂在自己的下体上。自然了,碾碎的鳄梨没有达到期望的效果,但是墨西哥人似乎从这等笑谈里得到了无尽的欢乐。

睾丸治疗

然而人们对重振雄风的追求从未停止。在此不久后,道德沦丧的法国外科医生赛尔日·甫洛诺夫(1866—1951)做出了不当之举。甫洛诺夫出生于俄国,他与自己的同胞伊利亚·伊万诺夫(参见本书相关章节:物种起源)所做的事情,可能造成了全世界数百万人的死亡。

1889年,甫洛诺夫在延缓衰老方面进行了前所未有的研究,同时也将研究成果运用在了自己身上:将狗和豚鼠的睾丸磨碎,并将提取物注入自己体内。因为其疗效微乎其微,甫洛诺夫转而研究动物睾丸腺体组织移植,并发表文章称其为治疗包括从性欲下降到精神分裂的各种疾病的未来发展方向。国际媒体以及欧洲和美国的医学界轻率地接受了甫洛诺夫的结论,甚至都没有要求他提供确切证据。

谦卑的西红柿

　　西红柿曾一度被认为是效果强大的催情药。它是由摩尔人引入欧洲的,所以法国人将其称为"摩尔人的苹果"。英国人却误以为是"爱的苹果"(在法语中,"摩尔人的"[de Moors]和"爱的"[d'amour]发音很像——译者注),于是迅速得出了西红柿具有催情效果的结论。中世纪的教会认为西红柿有毒而反对食用之。

　　因为西红柿植株的外形像一种致命的茄属植物(而事实上二者确有关联),它具有毒性成为医学知识而为人们所认可。十六世纪,自约翰·杰拉德(John Gerard)出版《草本志》(*Herball*,1597)之后,西红柿有毒的观念便在人们头脑中根深蒂固,这种植物在接下来几代人的认识中一直背着恶名。西红柿淡出教会视线之后又过了很长时间,医学界仍然坚信食用两到三个西红柿后会导致人立刻死亡。直到十八世纪早中期,寻求刺激的人亲自吃西红柿做实验,才彻底推翻了这一错误认识。

　　直到十九世纪早期,美国人还坚信西红柿具有毒性。根据记载,1820年9月26日,罗伯特·吉本·约翰逊上校在塞勒姆的旧政府大楼前的台阶上,当着一群目瞪口呆的人的面吃掉了一篮子的西红柿。

　　二十世纪二十年代早期,甫洛诺夫开始将已处决犯人的睾丸移植给有钱的傻瓜们。随着需求的增大,他开始采用猴子的睾丸,取极薄的腺体切片为有钱人和名人进行移植。到了1922年,猴子腺体疗法成为医学界的热门话题。甫洛诺夫的财富迅速增多,他的财源包括为土耳其第一任总统凯末尔·阿塔土克等首脑政要做手术,以及向欧洲和美国各地的其他医生传授自己的愚行。

　　1923年,七百名高级代表从欧洲和美国出发,赴伦敦参加国际外科医生大会,对甫洛诺夫进行表彰,称他是回春之父。但是似乎没有人注意到这位大师本人看上去略显苍老,还有些秃顶了;或者他们注意到了,却没有勇气喊一声:"医生,你医治自己吧!"

> **起初看似好主意……**
>
> 十八世纪八十年代后期,兔子被引入澳大利亚。一百年后,因为兔子泛滥成灾,人们又将狐狸引入澳大利亚,以期解决问题。但是较之吃兔子,狐狸更喜欢吃绵羊。于是在二十世纪五十年代,人们借助可怕的兔黏液瘤病来亡羊补牢。

失望的结局

截至1930年,甫洛诺夫仅在法国就向五百多名富有的病人移植了猴子的生殖器官。但甫洛诺夫很快就采取了更为冒险的行动,他进而开拓了女性市场,将猴子的卵巢移植给害怕年华老去的女性。起初妇女们蜂拥而至,因为魅力永存的诱惑实在难以抗拒。但结果非常让人失望:甫洛诺夫的女性病人中,没有一位显示出能抵挡美人迟暮的迹象。更糟糕的是,甫洛诺夫在二十年代早期诊疗过的男性病人开始大量死亡。失望和猜忌开始蔓延滋长。

后来,人们得知甫洛诺夫将人类的卵巢植入一只母猴体内,并用人类的精子令其受精。公众本来就不像以前那样崇拜他,现在这一步走得实在太远了。一直捧着他的医学界此时也变得不安起来,开始审慎地关注甫洛诺夫的工作和进展,而其实早该这么做了。

二十世纪三十年代末期,甫洛诺夫早期诊疗过的病人中,不仅大部分人身高不足六英尺,也没有一个人儿女成群,或者活得更长了一点。但是睾酮的人工合成使得直接注射对比试验成为可能。随着这些试验逐步展开,甫洛诺夫很清楚接下来会有什么结果,为了让自己能够退休后在瑞士过上富足的生活,他秘密地筹划着。

正如甫洛诺夫所预料的,他声称自己以农场动物为对象所做的复壮试验,没有一个可以被复制。这场骗局本来很好笑,但是一个令人烦恼的细节改变了这一切。现代猖獗的人类免疫缺陷病毒(HIV)并不是起源于二十世纪八十年代(参见本书相关章节:物种起源),而是最早出现在二十世纪二十年代,猿类免疫缺陷病毒(SIV)越过物种的樊篱,感染了人类。那么今天,许多从事该疾病治疗研究的人认为,将猴子的生殖器官移植给人的过程中可能产生了带菌者,这也不足为奇了。

从孟德尔到门格勒

——人类选择性繁殖中剔除弱者的现象

查尔斯·达尔文(1809—1882)永远预料不到他的著作问世后会产生什么样的长远影响。就短期而言,影响已足够糟糕。教会成员甚至没有读通他的著作,就伙同其他无知无识的反对者大肆嘲笑他,谴责他居然宣称人类是猴子的后代。但事实上达尔文从未发表过类似的观点。从长远来看,达尔文学说带来了极大的灾难。据说"适者生存"的观点出自达尔文,它后来被专横政权当作推行所谓的"科学"——优生学,以及其他诸多压迫政策的理由。但事实上"适者生存"不是达尔文提出的,而是由英国生物学家、哲学家兼社会学家赫伯特·斯宾塞(1820—1903)首先提出的,并且斯宾塞实际上指的是最适应环境的生物,而与它们强壮与否无关。

优生学的起源

达尔文的表弟弗朗西斯·高尔顿 (1822—1911)在达尔文研究的基础上提出了优生学,这是基于达尔文著作的最值得怀疑的科学观点。(此外,高尔顿还提倡将指纹用于犯罪侦查。)"优生学"(eugenics)

这个词来自于希腊语"eugenes",意思是来自高贵的种族或出身。优生学主张选择性繁殖,以便增加后代具有有利的特征的概率。

像许多知识分子一样,达尔文在发表言论前并不会考虑可能产生的影响。在《人类起源与性选择》(*The Descent of Man, and Selection in Relation to Sex*, 1882)一书中,他探讨了医学和科学上的进步如何使得更弱或不够多产的种族在人工手段的帮助下得以生存和繁衍;而一个更严酷的环境本来是要把这样的寄生虫剔除掉的,达尔文下面的话语招致了人们严重的不满:

> "于是文明社会中较弱的成员繁衍他们的后代……养过家畜的人都有经验,知道这对人类种族会有极大的危害性……但我们至少可以稳定地采取一种抑制手段,即社会中较弱和较差的成员不可以像健康人一样自由通婚,而对于身体或智力方面较差的人,也许可以禁止他们结婚,尽管这不太可能发生,但我们希望如此。"

高尔顿读了达尔文表兄的这本书,几个月后,他就人类的未来提出了自己的观点。如果这些没用的人消失了,英国社会——确切地说整个世界——就会受益无穷。他在《人类才能及其发展的探究》(*Inquiries into Human Faculty and its Development*, 1883)一书中,第一次提出了"优生学"这个词。

基因是关键

高尔的理论似乎说得通:在养狗场,最聪明最强壮的公狗总是和最聪明最棒的母狗交配,而几个世纪以来,同样的做法也被采用来保持纯种马的血统。高尔顿的观点随着遗传学上的新发现而显得更加有说服力。格里格·孟德尔在豌豆地里的实验（见下面方框中内容）揭示了遗传原理。孟德尔将具有明确相反特征——比如将长茎和短茎的豌豆植株进行杂交,得到的并不是具有两者平均特征的新植株,而是具有长茎的植株。孟德尔的研究表明,遗传特征会完整地传给后代,而强大的特征会在这一过程中占主导地位。这对于同时期的关于后代特征是父母双方特征混合后的产物的观点而言,是一个彻底的挑战。高尔顿将孟德尔的发现应用到了人类的优生学：为何不有选择地让最优秀的人进行繁衍,而将种族基因池中最差的个体淘汰掉呢？

优生学让世界转动：载于美国讽刺杂志 Puck 封面,1913 年 6 月

尽管高尔顿没有提出除掉现存的被认为有缺陷的人,他的确主张对这些人采取绝育措施来防止他们繁衍出和他们一样的后代。在高尔顿看来,高贵的精神、智商以及艺术天分都是可以遗传的,而浮躁、愚钝、乱交、酗酒和犯罪也是如此。这和对狗或马进行选择性育种没什么两样。高尔顿承诺,只要几代时间,犯罪和反社会行为将不复存在,而英国所有的人都是讨人喜欢的,他们养育的后代也会更加具有天分。

遗传学之父

格里格·孟德尔(1822—1884)是布尔诺的奥斯定会圣多默隐修院的院长,他对修道院里栽种的豌豆进行了研究。孟德尔去世后,人们将其誉为遗传学的创始人。1856年到1863年间,孟德尔进行了一系列试验,并据此提出了遗传学的两条定律。

第一条定律("分离定律")认为对于任何一个特征,个体具有两个等位基因(即基因的不同形式)与之对应,其中一个来自父亲,另一个来自母亲。两个基因中占主导地位的那个决定后代的品质。第二条定律("独立分配定律")的内容是,不同性状的不同基因会独立自由地进行组合。孟德尔于1866年发布自己的研究成果时,却遭到了嘲笑。直到十九世纪末二十世纪初,人们才重新发现了这位"遗传学之父"的价值。

高尔顿的支持者

在欧洲和美国,许多有名望的人对高尔顿的理论趋之若鹜,其中不乏温斯顿·丘吉尔和西奥多·罗斯福等名人,他们热忱地支持着高尔顿。高尔顿的支持者还包括主张节制生育的玛丽·斯特普及玛格丽特·桑格。经济学家约翰·梅纳德·凯恩斯和伦敦经济学院的创始人西德尼·韦伯从社会经济的角度出发,认为养育越来越多没用的依赖者会增加社会的经济负担。美国道德及膳食纤维的支持者约翰·哈维·凯洛格也赞同一切有助于改善种族血统纯度的举措。确切地说，他的最有名的成果——提倡清淡饮食——一开始是作为消除手淫的措施而提出来的，因为他认为清淡饮食能够抑制激情产生。

左翼支持者

如今许多人认为优生学完全属于右翼风潮，但事实并非如此。工党的前身——费边社的几乎所有成员都热忱支持高尔顿，其中包括爱尔兰诗人兼剧作家 W. B. 叶芝（1865—1939）、妇女参政运动领导人艾米琳·潘克斯特（1858—1928）、工党首相拉姆齐·麦克唐纳（1866—1937）、经济学家兼社会改革家威廉·贝弗里奇（1879—1963）等等。

爱尔兰剧作家、伦敦经济学院的创始人之一——乔治·萧伯纳（1856—1950）坚信社会主义的未来在于他所称的社会达尔文主义以及"人类的选择性繁衍"。哲学家伯特兰·罗素（1872—1970）则更甚，他提议给每个人颁发带有颜色编码的"生育券"，若发现有人与和自己持有的卡片颜色不一致的人发生性关系，应被施以高额罚款，或者因"基因叛国罪"被监禁。

加州之梦

与此同时，优生学在美国获得了显著的发展。希特勒也接受了该理论的影响，由此得出了令人厌恶的结论。关于金发蓝眼的日耳曼高级种族的概念，希特勒并非始作俑者。1909 年，加利福尼亚州开展优生学项目，希特勒由此得到灵感。加利福尼亚州是第一个将优生学原则写入立法的州。该州对不适宜的个体（关于"不适宜"的含义可以有多种理解）采取强制隔离和绝育措施，在婚姻限制方面也有相关法律。

优生学项目最终被废除之前，全国有超过六万"不适宜的人"被强制采取了绝育措施、六万多对婚姻被判为非法，而加州的数量大概就占了三分之一。

> **众人的福利**
>
> 在众人眼中，威廉·贝弗里奇是仁慈善良之士。在他1942年报告的影响下，英国逐渐走上福利国家的轨道。然而，我们今天的社会和医疗机构与贝弗里奇所设想的选择性机构有很大的差别。他认为尽管国家应该供养无业人士，但是获得相应利益的人应该被剥夺"所有的公民权利——不仅是公民权，还有自由权和生育权"。
>
> 贝弗里奇建议整个国家支持机构的设置应鼓励中层和上层阶级生育，他们所得到的福利应当远远超过下层阶级，而下层阶级应被限制在自己的血统范围内。英国议会在威斯敏斯特讨论该报告的当晚，贝弗里奇向优生学协会发表演说，向该协会忧心不已的成员保证，事情就该是如此。幸运的是，该报告在1945年并不是按照他的设想通过的。

如果没有来自卡耐基研究所、洛克菲洛基金会和其他工业巨头的资金支持，美国的优生学项目无疑会陷入困境。此外，该项目还获得了常春藤联盟的大部分院校的声援。1902年，斯坦福大学的校长戴维·斯塔尔·乔丹出版了《国家之血统》（*Blood of a Nation*）一书来支持优生学运动。1904年，卡耐基研究院开始资助位于长岛的一个叫作优生学档案室的机构。在这里，上百万的索引卡片分门别类地记录了美国公民的谱系以及遗传特征的规律。优生学档案室以这些卡片为依据，以期实现其扩大优生学方面立法的适用范围、加强绝育措施并扩大其适用范围的主张，而它也确实成功了。后来，电脑技术公司

IBM 借鉴了这些记录方法，研发了一个卡片打孔系统帮助希特勒开展他自己的优生学项目。集中营的犯人的前臂内侧都有一个耻辱的标记，这是 IBM 给他们分配的编码，它不仅包含犯人的身份信息，而且记录了他们种族、政治倾向和技能，例如"荷兰人，共产主义者，木匠"。

电影《普通的法西斯》剧照：画面中男子正在接受头颅测量，以便确认其是否具有所谓的雅利安人特征

以优生为名义进行屠杀

1911 年，美国育种者协会在卡耐基的支持下发表了一篇题为《论去除人类有缺陷的遗传物质的最佳实用手段》(The Best Practical Means for Cutting off the Defective Germ-Plasm in the Human Population)的初步报告，优生学自此在美国向一个极其黑暗的方向发展。这篇报告包括十八项提议，其中第八条提议对最没有希望的人实施安乐死。为"优生名义下的屠杀"所建议采取的方式一般是毒气室，这成为日后臭名昭著的"解决方案"。

1918 年，著名优生学家、美国陆军的性病领域医学专家保罗·波普诺(1888—1979)与罗斯维尔·H. 约翰逊合著了《应用优生学》(Applied Eugenics)一书。两位作者认为"从历史的角度来看,第一个方法自然是死刑,它在保持种族水准方面的价值不容小觑。"波普诺认为,古代罗马和斯巴达通过杀死体弱或具有身体缺陷的婴儿来控制生育,从而减轻国家养育这些婴儿的负担,这是一个非常值得探索的范例。

巴克诉贝尔案

1928年,在具有里程碑意义的巴克诉贝尔一案中,美国高级法院援引了一部主张对不适宜者进行强制绝育的法律,这表明优生学这门"科学"尚未显示出衰落的迹象。案件中,卡丽·巴克(1906—1983)是一名强奸受害者。事件发生后,受害者的养父母约翰·多布斯及爱丽丝·多布斯将受害者送到了"弗吉尼亚州癫痫症和低能者聚居区"。他们与案件最大的嫌疑人——自己的侄子一道,抢先控告卡丽"低能与乱交",支持优生学的人则强烈要求对卡丽采取绝育措施。他们声称卡丽的生母也是低能和"处于亚常态",尽管这并不是真的,法院还是毫不犹豫地接受了这种诽谤说法。

该案件由奥利弗·温德尔·霍尔姆斯法官主持,他也是著名的医生、作家兼诗人。他准许对卡丽·巴克采取绝育措施,称"如果我们能够提前阻止那些明显表现出不适合繁衍后代的人,而不是在他们的后代犯罪后采取措施,或让他们因为自己的愚蠢而饿死,这样对全世界都有好处。三代傻瓜已经足够。"

这种说法既不公平,也不符合事实:在这场强奸案中出生的孩子——薇薇安,是一个完全正常的女孩,在学校表现很好,只是在八岁时因结肠炎而死去。然而卡丽的其他亲戚也贴有类似的标签,这很可能拜优生学档案室所赐。当卡丽的妹妹多丽丝因为阑尾炎入院治疗时,医生发现了她身份的"危险信号",为了"杜绝劣等家庭污染社会",

自主对处于麻醉状态的多丽丝进行了绝育手术。

令人悲哀的是,多丽丝醒来以后,没有人告诉她发生了什么,直到她结婚后因为不孕而到医院进行检查时才发现真相。卡丽后来活到七十多岁,她一生中酷爱阅读,那些认为自己与她不同的人并没有理由认为她"智力低下"。后来在对纳粹战犯在纽伦堡的审判中,辩护方律师向主持审判的美国法官引用了霍尔姆斯法官对于上述案件的可耻陈词。

两相勾结

1934年,加利福尼亚州立大学萨克拉门托分校的创始人兼加利福尼亚州优生学项目的领军人物查尔斯·M. 歌德(1875—1966)接受了来自德国的邀请,前去考察该国在优生学领域的进展。尽管德国的人口比美国少得多,彼时每月的绝育手术数量已超过五千例。回国之后,歌德召集了优生学委员会的同仁并向他们表示如下祝贺:

> 你们一定很想知道,你们在这个划时代的方案中的努力,在影响希特勒政权下的知识分子方面发生了如何伟大的作用。在所到之处,我能感受到他们的观点是受美国思想的大量启发而得来的。亲爱的朋友们,我希望你们在有生之年都不要忘记,你们确实让一个治理着六千万人的政府采取了行动。

他们那时候一定是骄傲极了。

但是美国优生学项目与德国之间最不足为外人道的联系,事实上在更早的时候,即洛克菲勒基金会帮助德国制定优生学项目时便形成了。该基金会曾向德国几个可疑的研究项目捐助了共约四百万美元

(现值),其中最主要的受益者是位于柏林的凯撒·威廉人类学、人类遗传及优生学协会。

在很长一段时间里,美国优生学的支持者一直想开展双胞胎方面的研究,却因目的可疑而始终受挫。但是在希特勒这里,他们看到了以委托的方式从事这方面研究的可能性。1932年5月13日,洛克菲勒基金会的纽约办公室向其巴黎办公室发了一封电报,内容如下:"六月见行动委员会三年向德国凯撒·威廉人类协会提供九千美元用于研究双胞胎及含毒性遗传物质对后代的影响"。

彼时该协会的负责人是奥特马尔·弗莱赫尔·冯·费许尔(1896—1969),他在美国的优生学圈子里非常有名,他有两名可恶的助手,分别是约瑟夫·门格勒(1911—1979)和卡林·马格努森(1908—1997),后来此二人也因各自的行径而声名狼藉。在费许尔的示意下,门格勒利用洛克菲勒的资金与纳粹党卫军和奥斯维辛发生了联系,后来还开展了非常卑劣的双胞胎实验。

随着二战逼近,洛克菲勒基金会中断了所有的资金支持,但彼时费许尔—门格勒的项目已开展到了一定程度而无法扭转。在奥斯威辛,门格勒令双胞胎感染从伤寒到梅毒的各种疾病,然后采集其身体的各种组织和血液样本。他向马格努森提供双胞胎的眼睛,眼睛颜色和对方不一样的双胞胎尤为不幸,因为马格努森对此非常感兴趣。令人惊讶的是,尽管有大量证据显示费许尔和门格勒有罪,但他们都没有被当作战犯起诉。

不看不知道:科学谎言大揭秘

- 胳膊发麻不是因为血液流通受阻。
- 不能将眼球从眼窝中取出来、进行治疗后再安放回去。
- 糖不会令孩子过度活跃。

1946年7月战争结束后,波普诺和费许尔恢复了通信,波普诺在信中对费许尔说:"非常高兴再次收到你的来信。我一度为在德国的同事们感到很担心。我猜(那里)不允许进行绝育手术了吧?"有些人就是不知道适可而止。

又过了几年,像美国和德国的许多其他优生学家一样,费许尔成功地将自己包装成为一名遗传学家,在明斯特大学谋得了一个舒适的教授职位,并成为美国人类遗传学会的成员。然而他一辈子始终声称他是在战争期间同意加入美国优生学会的。

探索不息

如果说人类确实能够从经历中得到一条经验教训,那就是人类并不会吸取教训。优生学已经死亡,但"新遗传学"一直存在。近年来,随着遗传学的发展,人类又要完善自我的基因了。"去选择化"——这是一个多么神奇的字眼,听上去毫无害处。但是在2010年,仅英国就对2300名存在智力或身体缺陷的胎儿实行了堕胎术。

在这条路上,人类太容易受到引诱了。谁能决定谁的生死,谁又有资格来制定标准?所有那些认为自己有资格做这方面决定的人,应该看看记载孟德尔之流行径的影像资料,看他们是如何对待和解决他们认为是"基因垃圾"的人的。他们令人发指的罪行不是发生在数世纪以前,而是短短六十五年前;这些并非天方夜谭,它们实实在在地发生在欧洲大地上。

关于地球的愚见

——地球是平的

一提起"地球是平的",人们立即会想起那些诋毁和嘲笑克里斯多夫·哥伦布1492年航海壮举的那些人。在这次航海之后,哥伦布将一些加勒比的小岛宣布为西班牙所有,而这些人却认为如果哥伦布一直航行的话,会冲破世界的尽头。

而事实上,在哥伦布的时代,很少有人认为地球是平的。这个误会起源于美国幽默作家华盛顿·欧文(1783—1895)的超级畅销书《克里斯多夫·哥伦布的生活与冒险》(*The life and Voyages of Christopher Columbus*, 1828)。欧文完全捏造了哥伦布与萨拉曼卡委员会之间的冲突。在欧文的笔下,愚蠢的牧师们大放厥词,其中就包括他们认为地球是平的。

在后来的情节里,萨拉曼卡委员会认为哥伦布严重低估了他即将穿越的广袤水域。委员会是对的,而哥伦布是错的——世界要比这位探险家估计的还要大一倍。然而,平地说的观念古已有之,且影响深远,现在也还有人是这样认为的。也许中世纪的教会有很多冥顽之士认为地球是平的,而欧文受此启发,于是在作品中对他们进行揶揄。

哥伦布在宫廷里以地球仪做演示

大象与乌龟

在印度的宇宙观中,地球是一个由四头大象托起的平底的穹顶,它们站在一只巨大的乌龟的背上,乌龟航行于茫茫大海中。在巴比伦人看来,地球也是平的,它是漂浮在海洋上的一个圆盘,周围环以山峦,这些山峦支起了天堂。古埃及人也认为地球是平的,只是在他们的版本中,地球是长方形的,而埃及,自然而然了,处于地球的中央。

在中世纪,持"平地说"的早期的欧洲人的观点也差不多如此。他们认为地球是一个平整的正方形,因为《圣经》(启示录 7∶1)里提到了地球的四个角,每一个角都由掌管四季之风的天使守卫。在那个年代,胆敢质疑《圣经》里任何内容的人,都会被教会活活烧死。尽管在理智的人看来,球面具有角是不可能的,但是这些惜命的人只能明智地点头,口头上承认"平地说"。

印度宇宙观中的世界

愚见盛行

现在看来,在有相反证据存在的情况下,"平地说"这种愚蠢的看法会占上风,这似乎很不可思议。古希腊人观察归航的船只,发现桅杆首先会映入眼帘,随着船的驶近,船的其他部分才出现在视野中,从而认识到地球的表面是球面。古希腊人喜爱游历,他们发现,随着所处位置的变化,他们与星星的位置关系也发生着变化:一些星星从视野中消失,另一些星星则会出现。他们还注意到,无论航行得有多远,天际和海平面的倾斜面都保持不变。他们称该倾斜面为"klima",后来演化成了"climb",而任何一个倾斜面区域之内变换的天气称为气候(climate)。到了中世纪,只要有一点智慧的,基本上都会认同希腊人的观点,但是大家都珍爱生命,故而很少有人敢于对抗教会的观点。

罗马教皇格里高利(540—604)宣称,任何否认"平地说"的理论都是异端邪说,这种情况一直延续到十六世纪、教皇亚历山大六世(1431—1503)统治的时期。亚历山大六世更为人们熟知的名字是罗德里格·博吉亚,他嗜爱淫乱和谋杀,却能毫不费力地让自己的嗜好与基督教伦理并行不悖。尽管他还算得上聪明,也经历了残酷的政治斗争而存活下来,却依然缺乏智慧。

此外,亚历山大六世还很贪婪。1493 年,他已然厌倦了西班牙和葡萄牙这两大天主教国家在大航海时代为争夺新的领土而争战不休,因为他们忙于纷争的话,就不能充实教皇在梵蒂冈的钱匣子了。作为"平地说"的忠实支持者,博吉亚决定在地图上划定两国扩张殖民势力的分界线(第一条"分界线"由此诞生),并宣布葡萄牙和西班牙分别在线的东西两边各自活动。(这条线纵贯南美洲,这就是为什么巴西沿用葡萄牙语,而其他地方则沿用西班牙语的原因。)但是博吉亚从来不会料到,葡萄牙人能够通过一直向东航行而到达西边。

审判日

并不是所有支持"平地说"的人都信奉天主教,尽管德国僧人马丁·路德(1483—1546)在今日因文雅、虔诚和有分寸而被称道,事实上他是一个非常龌龊并且心胸狭窄的反犹分子,他认为所有的犹太人都应该被浑身涂满粪便,挨鞭子并被赶出城外。他还认为穷人和底层人的待遇也不该好到哪里,因为这是上帝的旨意。他思想狭隘,也认为地球是平的,理由是所有人类都应该目睹第二次审判日的到来,如果地球是圆的,大部分人的视野就会被阻挡了。

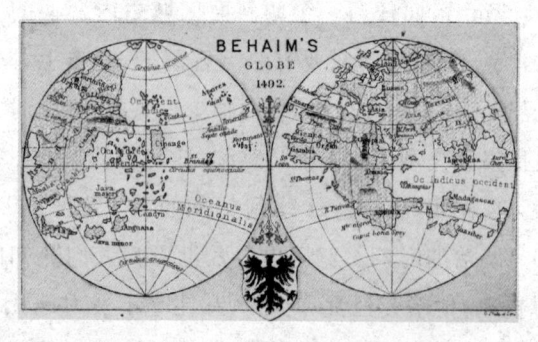

这幅绘于 **1492** 年的地图摒弃了"平地说"

质疑的声音

敢于公然质疑"平地说"的人为数不多，其中就有葡萄牙探险家费迪南·麦哲伦(1480—1521)。1519年在开启那次著名的环球航行之前，他说道："教会说地球是平的，但是我看见过地球投射在月亮上的影子，我更相信自己看到的影子，而不是教会的话。"在发表了这篇无畏的宣言之后，机智的麦哲伦敏捷地踏上船开始远航。后来，随着环球航行变得越来越频繁，罗马教廷被迫放弃立场，并承认地球有可能是圆的。"平地说"在一些边缘的原教旨主义群体——主要在美国——又残存了一段时间，但是关于地球的形状从来不乏奇思异想——即便是在二十世纪也是如此。

跟随潮流

希特勒远远称不上是一个理智的人，他也探讨过"平地说"（以及与此截然相反的"地球空心说"，见本书相关章节：来自地底的蓝色乡愁）。希特勒的最终结论是，也许地球不是平的，它有可能是凹面的。他认为人类在地表之下四处活动，就和蚂蚁差不多。为了验证这一观点，他命令出生于德国的科学家沃纳·冯·布劳恩(1912—1977)以45度角发射了一些火箭，看它们是否能落在澳大利亚。此时的希特勒就像过去的教会一般大权在握，冯·布劳恩只得郑重地点点头，去设法完成这注定失败的任务。自然了，汇报向下发射火箭的失败令冯·布劳恩感到紧张，他耐心地告诉希特勒，尽管地球是平的这一理论很可能是正确的，但是火箭没有足够的力量来证明这一点。他的话似乎令希特勒缓和下来，于是冯·布劳恩迅速退下。但是希特勒的痴迷没有就此打住。

这幅画展现了哥伦布于 1498 年登上玛格丽塔岛的情景

  1942 年,希特勒为了证实自己的想法,又进行了一次尝试。在红外线领域的专家海因茨·菲舍尔博士的领导下,一支探险队被派往波罗的海的鲁根岛来进行相同的试验,与上次不同的是这次有雷达的辅助。一连几个月,雷达在 45 度角的方向扫描,但是一无所获的结果令菲舍尔和他的团队对返回后的前景忧心忡忡。但他们其实不用担心,因为希特勒正忙于应付俄军的入侵,于是探险队得以悄无声息地返回德国,并没有被注意到。

最终的前沿:宇宙也疯狂

关于宇宙空间,一度存在着如下愚蠢的理论:
- 火星上有运河。
- 月球是空心的。
- 宇宙是静止的,也不会膨胀。
- 火星在水星和太阳之间绕轨道运转。
- 满月会导致人精神失常。

从爆米花到莫扎特

——潜意识信息对人的影响

本书介绍的所有不可置信的理论中,本章的内容不仅在年代上最新,也比其他理论衍生出更多的伪科学理论。

疯狂的人

十九世纪五十年代后期的美国是消费者的天堂、欲望的神殿,销售人员极受推崇。1957年,市场研究人员詹姆斯·维卡里(1915—1977)带来了一个令广告人极度渴求的消息。

维卡里称,他于1957年夏天在新泽西州利堡市的一个公共电影院里进行了一个秘密的实验,并取得了巨大的成功。他振振有词地阐述了消费者为什么本能地抗拒推销手段。他称尽管消费者内心深处可能想要某个产品,但他们的大脑会发出警告,实施着最终控制,大脑是广告人的最大敌人。于是,维卡里论提出,为什么不把大脑意识排除在外呢?

维卡里称他对电影院上映的电影做了手脚,在长达十六周的时间里,有四万五千名观众观看了这些电影。他利用一种能在极短时间内展现视觉形象的仪器——视速仪,在影片中加入了一闪而过的图像,这些图像包含了观众"喝可乐"和"吃爆米花"的信息。对于麦迪逊大道上的广告大师们，维卡里援引了关于人眼能够捕捉图像的最短时间及其原理的科学理论，称他的图像在电影中的持续时间是三千分之一秒，这么短的时间让眼睛来不及捕捉，大脑也不会意识到，但这些图像在潜意识的层面上是可以识别的。

饿了吗？吃爆米花吧！——模仿维卡里的实验

因为大脑是在一种接近催眠的程度上受到影响的，所以这不会激发大脑防御性的反应。维卡里称实验结果是电影院大厅的可乐与爆米花的销售量分别增长了 18% 和 57%。这看似无懈可击，美国的生产商们不由得大为兴奋，认为巨大的商机就在眼前。

灯光、摄像、开拍：电影里违反物理常识的镜头

- 被枪打中的人不会向后倒，因为每一个力都有一个同样大小、方向相反的反作用力。
- 能够把枪声削弱的消音器并不存在。
- 流沙不会让人陷进去，因为它的浮力比死海大好几百倍。
- 直接暴露于太空的人不会爆炸，其血液也不会沸腾。

政坛波澜

维卡里的发现所能带来的机遇也让一些政党兴奋不已,而他们的目的更加不光彩,即试图在他们自己的电视转播以及在与政治无关的流行节目中采用这一策略。

美国的政治圈子突然纡尊降贵,出现了混乱情形:国会开出高薪吸引舆论制造者以及所谓的深度人士(心理操纵师),让他们放弃在广告业的职位来为国会工作。1957年,记者万斯·帕卡德出版了《隐形的说客》一书(*The Hidden Persuaders*,这本书至今仍然很出名)。该书将华盛顿的商业广告技术应用与维卡里的实验联系起来。科幻小说作家阿道斯·赫胥黎有机会便强调,随着维卡里"敲响了自由意志的丧钟",他的作品《美丽新世界》(*Brave New World*,1931)也陷入了可怕的境地。此外,关于潜意识信息的道德性的辩论也广受关注,理查德·康顿出版了惊悚小说《满洲候选人》(*The Manchurian Candidate*,1959),内有政党对个人进行洗脑等情节,小说界由是掀起了阴谋题材的热潮。

洗　　脑

对维卡里而言,他为自己的骗局——说是骗局,一点不为过——选择了一个最好的时机,因为此时美国还在消化着来自朝鲜战争(1950—1953)的教训。1951年,偏爱耸人听闻的题材的作家爱德华·亨特写了《红色中国的洗脑》(*Brainwashing in Red China*)一书,描绘了类似傅满洲的邪恶科学家操纵美国战俘思想的情形,美国民众第一次知道了"洗脑"这个词,并由此浮想联翩。

然而所谓思想操纵实验在现实中并不存在。书中除了美国中央情报局臭名昭著的思想控制实验（下面即将介绍）之外，其余的情节都是亨特虚构的。中国的确对战犯进行过再教育活动，但并非强制。这种再教育活动在中文里称为"思想改造"，意思是在净化头脑之后对思想进行改造，目的是为了让战犯摒弃对共产主义中国的成见，用"事实"来取代"西方谎言"。这里没有麻醉药，没有催眠师，也没有鞭打折磨，只有枯燥的说教。虽然如此，两千多名战犯在战后拒绝被遣送到美国，所以美国需要让人相信，这些人是因为被施以邪恶的手段，而不是出于自愿那样做的。

罪恶的转折

美国中央情报局（后面简称"中情局"）对维卡里的实验也非常感兴趣，也许这并不奇怪。二战后，中情局秘密开展了"回形针行动"，安排大量纳粹科学家和博士返回美国。他们中的一些人曾对死亡集中营里的犯人进行精神方面的实验以及感觉剥夺实验，以便实现完全的精神控制的实验目的。在美国，三十多名战犯被赋予了新的身份，参与了中情局邪恶的思想控制实验——MK-Ultra 计划。在这个试验中，不知情的公众成为实验对象，其中一些精神实验很危险，甚至是致命的。

中情局的实验在 1957 年开始衰落，但是维卡里似乎在无意间为其注入了新的活力。一份最近公布的载于 1958 年 1 月 17 日的中情局报告记载道：

也许可以采用潜意识导入方法来解除个体对催眠导入过程的抗拒。这种方法在商业广告中取得了成功，具体做法是在一些影院里以三千分之一秒的间隔反复播放关于"吃爆米花"和"喝可乐"的影像。也许通过"服从/删除"等视觉暗示手段实现的潜意识植入技术也能用来取得类似的效果。

揭开真相

1952年,在中情局的资助下,乔治·奥威尔的《动物农庄》(Animal Farm)被改编成动画片,其中有包含信息的重复播放镜头,但这次实验没有产生任何预期效果。中情局希望能够操纵整个电影院的观众的思想状态,或让观众在离开电影院前采取特定行动,然而没有成功,这个结果令人困惑而沮丧。与此同时,美国和加拿大的广播网络也试图复制维卡里的实验结果,但也没有成功。

其中加拿大广播公司进行的独立实验最广为人知。它有一档名为《特写》的周日晚间秀节目,收视率颇高。在节目播放过程中,屏幕上会出现邀请观众给电视台打电话的信息。这个信息出现了将近四百次,但是没有一个观众真的给电视台打电话。

最终为潜意识信息这一伪科学盖棺定论的,是心理学协会的会长——亨利·C.林克博士。他邀请维卡里在特定条件下展示他的神奇把戏,但维卡里以全面溃败而告终。后来,在1958年,纽约霍夫斯特拉大学的心理专业学生斯图尔特·罗杰斯来到维卡里最初进行实验的地方——利堡市,做了一些之前没有人做过的调查。罗杰斯来到维卡里做实验的那家电影院,立刻被它的狭小震惊了——电影院真的非常之小,在维卡里所说的时间范围内根本不可能具备他所称的观众接待能力。电影院的经理罗杰斯承认根本没有进行过那样的实验。

执迷不悟

1962年,维卡里终于承认这是一场骗局:所谓的潜意识根本不存在，他是为了挽回自己每况愈下的咨询业务而杜撰了这一切。尽管如此，维卡里精心发动的这场骗局已经无可挽回了。

虽然维卡里反复承认一切都是谎言，但是根本没有人相信。2006年的一项调查显示，美国有百分之八十以上的人仍然相信潜意识信息所具有的邪恶力量，其中不乏从事广告和心理学教学的人士。在近代，潜意识信息的支持者以美国作家威尔逊·布莱恩·凯（1925—2008）为代表，他在二十世纪七十至八十年代以自己的方式捍卫潜意识信息的伪科学。

尽管凯具有令人印象深刻的学术背景（他具有传播学的博士学位，还是门萨俱乐部的成员），他却对潜意识信息的力量深信不疑。他称杰彼斯牌的杜松子酒广告中，有三块冰块的纹理包含了S、E、X这三个字母；而把丽兹饼干摆在一起后，他在边缘处的饼干孔印上也发现了同样的字母。宝洁公司的标识中，有一个灰色胡须的男子的侧脸摆出月牙的造型。凯称在男子的面部毛发中可以看到"666"的字样，这是在《圣经》中提到的兽的数量（见下面方框中内容）。他站在基督教右翼的立场上，迫使宝洁公司放弃使用标识。

受蒙斯神话的启发而设计的钢琴独奏曲的封面

666

你是否知道,《圣经》中兽的数量,过去和现在一直是616,而不是666？一直以来,《圣经》的译者、以撒旦为主题的电影制作人以及诸多哥特摇滚迷都被误导了。

蒙斯的天使

詹姆斯·维卡里的案例表明,一旦整个国家都认准了一个理论,将很难说服人民放弃它。英国作家阿瑟·梅琴也遇到了同样的事情,他的作品引发了关于蒙斯的天使的传说。这本书虚构了天使如何在一战战场上保护英国士兵的故事,天使们用燃着火焰的刀和剑来击退叫嚣的德国兵。尽管这是虚构的,大量士兵、军官和牧师,无论是来自盟军还是德国,却都声称见过这些场面。梅琴试图澄清这一切只是出于他的想象,但他这样做的回报是,一位主教在牛津街看见他后,怒气冲冲地揪着他的领子,用马鞭抽打了他一顿。

摇滚自杀

但是詹姆斯·维卡里所带来的坏影响还未停止。潜意识理论的卫道士为在与宝洁公司的可笑交锋中取得的胜利而感到飘飘然,他们继而将视线转向了一些哥特式风格的重金属摇滚乐团。在威尔逊·凯看来,这些亵渎神明的堕落音乐却具有吸引力,这一定与潜意识有关。他认为如果把音乐倒过来放(倒录),歌词里一定会出现让人加入魔鬼撒旦的召唤。于是大家都开始把自己的唱片倒过来播放。这位基督教右派先生认为这是导致许多青少年自杀的原因：这些受害人是因为接受了"潜意识"的指令而终结了自己的生命。

在凯等人看来,大脑不仅可以获取眼睛通常来不及捕获的信息,还能够在听过正常播放的唱片之后,把整首音乐记录下来,进行倒放,并且获取其中包含的任何潜意识信息。这是何其伟大的精神壮举。基本而言,没有人愿意接受显而易见的事实:整日嗑药并且热衷哥特式摇滚文化黑暗面的青少年,也许更容易有自我伤害的倾向。但是在1985年12月23日,继发生了美国的两名青少年——雷蒙德·贝尔纳普的自杀及他的朋友詹姆斯·万斯的自杀未遂事件之后,人们的观点转变了。

两名年轻人都有药物滥用和抑郁史。据说事发当日,他们把自己关在房间里吸食大麻,一连几个小时地听英国重金属乐队"犹大牧师"的音乐。随后他们逛至一处墓地,贝尔纳普用一把猎枪轰开了自己的脑袋,然后万斯也做了同样的事情。万斯没有死,却受了很严重的伤。该乐队因为被指控其歌词"最好由你来,好过我来做"包含着导致两名年轻人采取悲剧行动的潜意识信息,而被告上了法庭,威尔逊·凯作为潜意识信息方面的专家证人出庭。

幸好法官不是那么愚蠢,他驳回了凯的陈述,宣布不受理该案。"犹大牧师"乐队的主唱罗伯·哈尔福德在事后这样挖苦道:"如果我相信这种玩意儿管用,我们一定会在歌词中加进去让大家多买我们的唱片的信息。"

伪科学的其他后果

公众的轻信之中蕴含着巨大的市场力量。如果前提B建立在前提A的基础上,而前提A后来经证实是一个彻头彻尾的谎言,那么前提B也会和前提A一样,自动地进入历史的垃圾堆。如果一个人这么认为，是可以理解的。但情况并非总是如此。尽管维卡里公开承认所谓潜意识信息只是个谎言，但是这一伪科学已经产生了难以挽回的后果。

1956年，兰德公司的查尔斯·西蒙和威廉·H.埃蒙斯进行了脑电图学方面的研究，在此基础上否定了睡眠学习理论。尽管如此，维卡里的谎言还是为这一理论注入了生命力。一时间，美国与欧洲出现了很多商业公司，它们大肆鼓吹关于从潜意识中获取巨大力量的错误理论，宣扬说如果潜意识在人清醒的状态下能够产生如此大的影响，那么在人处于睡眠状态时将会产生更大的影响。但遗憾的是，这并不是真的。

睡眠学习的理论催生了一个价值达数十亿美元的产业。尽管这一理论已被著名的睡眠专家和心理学家们彻底拆穿，其影响却没有消失。在1991年进行的一个实验中，研究人员告知参与者，将在他们处于睡眠状态时播放关于个人提升的内容，以便让他们变得更有进取性。这些实验对象醒来后，许多人称确实感到自己的控制能力变强了，而他们的行为也体现了这一点。但事实上他们接收的是让人变得更加谦卑和忽视自己的内容。这些实验都是在临床条件下进行的，参与者的脑电图被记录下来以确保他们确实处于睡眠状态。在这种条件下，知识传授的量为零。

莫扎特效应

潜意识信息和睡眠学习理论催生了"莫扎特效应"。这一术语是由法国耳鼻喉科专家阿尔弗雷德·A.托马提斯博士（1920—2001）首先提出来的。托马提斯称听某些类型的音乐对某些疾病有好处，并且有助于某些目标的实现。托马提斯推荐了许多类型的音乐，其中莫扎特的音乐被认为能够缓解抑郁，并帮助有学习困难的人集中注意力。

托马提斯的观点在国际上获得了认可。加利福尼亚大学的两位重量级人物——弗朗西斯·劳舍尔博士及戈登·肖博士研究了这一现象,并在科学期刊《自然》上发表了他们的成果。实验对象在听过了莫扎特音乐之后再做某些测试,的确比那些处于黑暗安静环境中的测试者的成绩更好。根据两位博士的推测,这也许是因为将注意力集中在音乐上能够帮助大脑活跃起来。

两位博士称,他们发现实验对象的时空推理能力出现了非常短暂的些微改善,且"大脑中似乎存在能够对特定频率产生共鸣的区域"。他们没有提到参与者的智商情况,也没有提到关于有报告表明利用"肉块"和铁娘子乐队的音乐做实验也取得类似结果。于是媒体想当然地宣传听莫扎特音乐能够让你的孩子更聪明——所谓的莫扎特效应已然酝酿成熟,可以获取商业利益了。

尽管肖和劳舍尔抗议称他们的研究完全被以错误的方式报道了,播放莫扎特音乐和提高听者智力之间并没有联系,但是这个观点已经流传开来了。1998年,佐治亚州和田纳西州政府宣布了为所有新生儿提供音乐 CD 的预算,并且开展了关于胎儿意识方面的新的研究。

不看不知道:科学谎言大揭秘

- 我们(好吧,或者说我们中的一部分人)会运用整个大脑,并不像传言的那样只能用到大脑容量的 10%。
- 把梦游者叫醒并不会对他产生危害,事实上最好把他叫醒。
- 麻风病不会通过日常接触传染。
- 双眼视力达到 20/20 并不意味着最佳视力,只是双眼通常能看清的范围是 20 英尺内。

不计其数的孕妇抢购一种结合了 CD 播放器和类似于反向听诊

器的装置,为腹中的胎儿播放莫扎特音乐,以及她们自己录制的传递积极生活理念的录音。然而佐治亚州和田纳西州并没有成为神童的摇篮,而我们仍在期待读到这样的报道:一个婴儿在诞生后,助产士拍他的屁股让他迎接新生命时,这位聪明的婴儿发出的不是哇哇的哭声,而是歌剧《唐·璜》中的一段台词。

维多利亚的秘密

——可卡因和海洛因能治疗多种疾病

在可卡因和鸦片被归为 A 类毒品以前的很长一段时间里,十九世纪的医学把它们奉为万能灵药,全然不知种植、引入和摄入这两种物质会给人们带来多大的危害。人们吹嘘可卡因和海洛因能够治疗各种疾病,许多种非处方药都包含这两种成分,而其中很多药品是在医学领域的专家和著名人物的支持下研制出来的。

风潮兴起

对于教皇利奥八世(1810—1903)来说,口袋里不装一瓶法国产的掺有可卡因的马里亚尼酒意味着不可能出远门。他甚至将梵蒂冈金牌授予了该酒的生产商,并允许生产商采用他的肖像做广告,向生病的孩子、孕妇甚至只有身体略微不适的人群推广这种酒。在那个时代,人们都认为鸦片和可卡因对人有巨大的好处。

在那个时代,也鼓励母亲让正在出牙的婴儿摄入可卡因或鸦片。十六世纪以来,医生一直受到误导,认为需要在婴儿的牙床上割开一道小口,以便让第一颗牙齿萌出。因为这种做法会造成疼痛,它在十八世纪末期逐渐不那么流行，但是在一个世纪以后又重新出现了，因为有"神奇的麻醉药"来缓解割牙床的疼痛，孩子在用过该药之后，都是坐在那里乐得咯咯直笑。

马里亚尼酒：教皇的最爱

由于医生们大肆鼓吹着可卡因和鸦片的种种好处，以及大规模生产和销售它们所带来的利润，含有可卡因和鸦片成分的各种产品一时间随处可见，甚至蔬菜水果店和杂货店也会有售，以备人们的不时之需。其推销广告中也充斥着世俗色彩。在广告中，来自哈利街（哈利街位于伦敦，以名医云集和提供高品质的医疗服务而闻名——译者注）的和蔼可亲的名医推销着这些产品，它们都被冠以听上去很无害的名字，比如"温斯洛夫人的舒缓糖浆"、"麦克戈威尔教授的婴儿万灵药"等等。所有医生都认为鸦片和可卡因是疗效很好的药物，且不具有成瘾性。由于有偿研究这两种药物性质的医生本身也在疯狂使用它们，无怪乎他们认为这些药物完全不会让人上瘾。

孩子们的舒缓糖浆：温斯洛夫人认同它

如果弗洛伊德认为没问题……

奥地利神经学家西格蒙德·弗洛伊德(1856—1939)认为可卡因不仅是治疗鸦片和酒精上瘾的理想药物，也能够用来刺激神经性厌食症患者的食欲，还是治疗哮喘病的一线药物。

弗洛伊德在其《关于古柯》(1884)一文中称该药物能够让病人产生"愉悦和持久的欢快感，它与健康人所具有的寻常愉悦没有任何区别。"在这个开场白后，弗洛伊德继续写道：

"你的自我控制能力提高，并且获得工作所需的更多活力和能力。换而言之，你是完全正常的，并且就不似处于服用任何药物的状态下。

能够长时间从事强度大的体力劳动，而不会产生任何令人不快的副作用，而饮酒后产生的愉快会伴随有副作用。在第一次摄入可卡因之后，绝对不会想要摄入更多，即便反复摄入也没有问题。"

盛行于英国

维多利亚女王遵从医生的建议,大量摄入一种全鸦片成分的酊剂——劳丹酊。她还吸食大麻以缓解痛经。此外,她与自己的首相威廉·格莱斯顿一样,喜欢偶尔嗅吸可卡因。可以毫不夸张地说,整个十九世纪的大部分时期,英国统治阶级以及英国人口的一半都浸淫在毒品之中。为什么不呢?维多利亚时代的英国政府是世界上最强势的毒品集团。与他们相比,哥伦比亚的军阀们都不足为道。英国的鸦片原料进口量十分惊人:1830年为不足10万磅,到1860年已猛增至将近30万磅。

英国在印度北部和阿富汗急剧扩张罂粟种植面积,这一做法的严重后果在今日仍然没有完全消除。为了找到新市场,英国把目光转向了中国,而彼时中国的鸦片问题已经很严重了,举国约有两百万人吸食鸦片成瘾。英国政府看准了这一点,开始向中国大量出口鸦片,让更多的人吸食这种毒品。中国政府提出反对,要求终止鸦片贸易,但英国人发动了第一次鸦片战争。

当医生搞错时

以下难以置信的医疗手段表明医生也并非总是正确的:
- 用环锯术治疗疾病(需要在你的脑袋上开一个洞)。
- 用脑白质切断术让有精神疾病的人"镇静"下来。
- 用电休克疗法治疗抑郁症。
- 用胰岛素诱发休克,从而减轻精神分裂症的症状。
- 用子宫切除术治疗女性偏执和妄想症。

英国取得了战争的胜利。它与中国签订了《南京条约》,要求中国做出大量让步,包括将香港割让给英国。12年之后,他们向中国提出

修改条约的要求,但是被拒绝了,这导致英国发动了第二次鸦片战争(1856—1860)。这一次英国又赢了。他们在取得香港的基础上又得到了九龙,迫使中国承认正在摧毁其国民的鸦片贸易合法化,并且开始将大量"中国契约劳工"运往美洲,从事修筑铁路的艰苦工作。中国别无选择,几年之间,英国仅在中国鸦片市场上就获得了一百多万名吸食者的份额。

美国困境

美国的情况也好不到哪儿去。南北战争(1861—1865)期间,仅向联邦军(北军)就发放了一千万粒鸦片药丸和三百万盎司以上的其他鸦片制剂,数量不可谓不惊人。尽管这些药品有可能帮助士兵熬过可怕的战争,但战争结束后,随着近五十万名吸食鸦片成瘾的士兵回归正常生活,美国医学界不得不宣布,不加节制地使用这类药物有可能是个问题。

有经济能力的鸦片吸食者可以在当地药店购买鸦片,或者向药品供应商进行邮购。这些药品供应商的看法依旧和大众一样,他们认为鸦片是无害的,即使为了消遣而吸食也无妨。首先引起人们关注的,是那些吸不起鸦片的人。

在美国医学会的支持下,反鸦片贸易协会又一次向认为鸦片和可卡因不仅无害、反而有益的医生们发起了挑战。在1893年,由于形势所迫,美国成立了一个名为皇家鸦片委员会的机构进行调查。但这次行动一开始就注定要失败。尽管该委员会选择了正确的渠道,仔细向多名证人进行了取证,也出具了适宜的、有分量的报告,但它的结论是吸食鸦片不会导致人道德水准下降,或损害人的身体健康。事实上,它宣称为了消遣而吸食鸦片与喝酒是一样的,而且鸦片具有积极的疗效。

英国高端医学杂志《柳叶刀》(*The Lancet*)对上述结论表示赞同,称这些发现"给予反对鸦片的跟风者一记迎头痛击,这些人的话要么夸大其词，要么毫无根据"。问题的根源在于皇家鸦片委员会的"皇家"头衔上，它直接隶属于英国头号瘾君子——维多利亚女王，调查人员当然不愿意向女王指出她自己在摄入劳丹酊和可卡因方面的问题。

唾手可得

文学作品开始探讨鸦片的负面作用。在柯南·道尔的作品里，华生医生强烈反对夏洛克·福尔摩斯摄入一种对他超凡智力有损害的物质。

罪恶之所

很多小说虚构了关于华人移民开设鸦片馆的情节，比如描写这类鸦片馆遍布伦敦的莱姆豪斯区。尽管继第二次鸦片战争之后，被迫来到美国的华人移民确实在一些城市开设了鸦片馆，但在十九世纪的英国，鸦片馆的数量只有几百所。事实上到现在也没有证据表明这类场所的存在。既然能在伦敦的上流街区买到鸦片，谁还愿意光顾坐落在危险街区的肮脏的鸦片馆呢？

伦敦所谓的鸦片馆

没有人想听到关于鸦片和可卡因的害处的异议,医学领域也在固执己见。1885年,美国一家名为帕克·戴维斯的制药公司在它的可卡因系列产品中新添了一种可以直接注入静脉的注射液。该产品连同注射器一道在许多繁华街道的商店有售,广告称其能够"代替食物,让懦夫变得勇敢,让胆怯者变得善谈,让使用者感觉不到痛苦"。

满足大众市场

1898年,德国制药公司拜耳(Bayer)新合成了一种具有高度成瘾性的类鸦片药物,名为"海洛因",在市场上以非处方药的形式进行销售。"海洛因"在德语里的意思是"英雄般的",因为人们认为它能让使用者产生英雄一般的感觉。这一次,医学界仍然不加怀疑地欢迎这一产品的问世,主张用它来治疗感冒和流感、气管炎、百日咳等,并减轻怀孕妇女的晨吐反应。

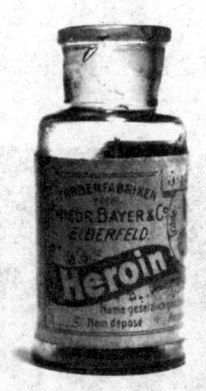

非处方药:德国拜耳制药公司的海洛因产品之一

美国也是类似的情形。约翰·斯蒂斯·彭伯顿(1831—1888)是一名经验丰富的医生,他发明了一种含有可卡因的酒。这种酒与教皇利奥八世的最爱——马里亚尼酒类似,是酒精与可卡因的混合物,具有极大的危害性。这种酒一开始以"彭伯顿的健脑酒"的名义推向市场,结果大受欢迎。这种情况一直持续到1886年,因其酒精成分而招致彭伯顿的家乡——佐治亚州亚特兰大市的反对。于是彭伯顿不得不推出了另一款不违反禁酒令规定的产品。这种含可卡因、糖浆和苏打水的混合物,便是后来的可口可乐。但是在美国南方,人们逐渐认为黑人男性在摄入可卡因之后会强奸白人女性,这个观点令生产这种含有可卡因成分饮料的商家愈发不安。1903年,该饮料不再含有可卡因成分。

不仅能止渴:广告称可口可乐能够减轻疲劳

新宠问世

从那时起,可卡因和海洛因的公开买卖逐渐受到限制。大部分医生开始认识到,不加节制地使用这些药品来治疗病人的小恙是不妥的。尽管如此,直到1920年,持有鸦片在英国才构成违法,而在美国,在1970年之前,都没有法律约束持有和摄入可卡因的行为。

与此同时,在二十世纪五十年代,人们对另外一种"无害"的药物——安非他明情有独钟。在英国和美国,医生认为这种药对于促进病人恢复非常有帮助,而向病人大量提供这种药物。此外人们还竞相购买苯丙胺吸入器。在整个五十年代,泛美航空公司都向乘客发放含有苯丙胺吸入器的机舱礼包,内附的说明书称其"向旅客提供飞逝一般的美妙时光"。这可是真的!

天 堂 香

——不洁的气味和不讲卫生导致疾病

十九世纪下半叶,微生物学之父——法国化学家兼微生物学家路易·巴斯德(1822—1895)进行了一系列实验,有力地证明了细菌会导致疾病。在此之前,在医学界和科学界看来,肉眼无法看到的微生物侵入人体、大量繁衍并导致其宿主死亡无异于天方夜谭,就连护理事业的创始人——弗洛伦斯·南丁格尔(1820—1910)也是如此认为的。

气味与疾病

在巴斯德公布其发现之前,所谓的"瘴气理论"大行其道。这种理论认为疾病都是由不洁的气味和不讲卫生引起的,此外思想和灵魂的不纯洁也会导致疾病产生,只是程度没那么严重。弗洛伦斯·南丁格尔非常认同这一理论。她认为清洁的环境和经常读《圣经》能够确保病人康复,然而她的观点有可能导致了克里米亚数万人丧生。

直到十六世纪,关于感染的理论才得到进一步的发展。意大利医生吉罗拉摩·法兰卡斯特罗(1478—1553)认为传染物能够通过直接或间接的方式导致细菌和病毒的传播,他将这种传染物命名为"孢子"。他还写道,"尽管衣服、亚麻织物等本身不会带来疾病,但是有助于导致传染病的基本成分的繁衍,从而让人感染"。尽管法兰卡斯特罗的思路是正确的,但是在大约三百年之后,意大利医生阿戈斯蒂诺·巴希(1773—1856)才第一次发现了能够致病的活的微生物。

以神的力量

在瘴气理论出现之前,大部分文明古国认为疾病是因为触犯了神而遭受的惩罚,但不同的意见也是存在的。公元前2000年末的印度教神圣的文献《阿达婆吠陀》认为,活着的病原体是导致疾病的原因,但是没有说明病原体的大小和特性,所以有可能是只是一种猜想。

古罗马的医生兼博学家——马库斯·图留斯·瓦罗(前116—前27)也认为除了不洁的空气和气味之外,有可能还有别的原因导致疾病。他告诫人们不要在沼泽附近搭建房屋,并且尽量少接近沼泽,因为那里繁衍着"某些肉眼看不到的微小生物,它们飘浮在空中,通过人的口鼻进入人体并导致严重疾病"。但是没有人重视马库斯·图留斯的话,大部分人还是认为疾病是神带来的。

微生物学的诞生

1835年,由于家蚕受到了一种寄生螨虫的侵害,意大利的丝绸工业濒临崩溃。巴希在已经死去和快要死去的蚕身上发现了白色粉末状孢子壳,首次建立了感染和疾病之间的正确联系。三十年后,法国的丝绸产业也因为同样的原因遭受重创,路易·巴斯德在巴希的启发下,得出了同样的结论。但是在这里要为巴斯德说一句公道话,此时的他已经在细菌理论的发现上取得重大进展。

巴斯德同巴希一样,也建议将蚕群隔离并送往消过毒的农场,并且显示出感染迹象的蚕都要被立即消灭。尽管这些隔离和预防措施两次制止了这种传染病的蔓延,医学界和科学界对此却不予理会。主流观点仍然认为,所有的疾病——包括霍乱、伤寒、痢疾等——无疑都是不洁的气味带来的。在奥地利,与巴斯德同时代的伊格纳兹·塞麦尔维斯(1818—1865)也在进行着一项与瘴气理论相对立的研究,但是他遭受到了极其猛烈的反对,甚至因为奥地利医学圈子的一些最著名人物策划的一起阴谋事件而送了命。

1912年法国一份报纸的封面描绘了霍乱带来死亡的情景

请洗尊手

在十九世纪中叶,一些医疗机构认为女性分娩时百分之二十的母婴死亡率是非常正常的,维也纳医院的第一妇产诊所也持该观点。在第一妇产诊所,如果孕妇自愿充当新手医生的服务对象,就会得到一些好处。

维也纳医院有两个妇产诊所。1846年,塞麦尔维斯成为第一妇产诊所的高级住院医师。令他不解的是,第二诊所的母婴死亡率比第一诊所低十八个百分点,仅为百分之二。两个诊所唯一的区别是第二个诊所不进行尸体解剖。塞麦尔维斯的第二个线索来自对一些孕妇的观察。这些维也纳的孕妇们也发现第一诊所的异常情况,于是很多人设法在将要分娩时才前往第一诊所,这样既能享受到诊所承诺的好处,又能免于接受该诊所的产前护理服务。

伊格纳兹·塞麦尔维斯与母亲和婴儿在一起

塞麦尔维斯很惊讶地发现,在这些脑子活络的孕妇中,母婴死亡率几乎为零。1847年,他的好友、法医学教授雅各布·科勒什克突然死亡,这件事证实了他的猜想。科勒什克教授生前指导一名学生解剖一个在第一诊所患产褥热死去的病人时,不小心被解剖刀划伤,三天后便因为同样的症状去世了。

不看不知道:科学谎言大揭秘

- 爱迪生并没有发明电灯泡。
- 本杰明·富兰克林并没有发明所谓的富兰克林炉。
- 毕达哥拉斯并没有提出以他的名字命名的定理。
- 莱特兄弟并未开动力飞行的先河。
- 亚历山大·贝尔没有发明电话。

塞麦尔维斯来到解剖室,首先便发现学生和教授在离开时均不洗手,而直接去为病人检查和治疗。他立刻制定了一条规定,要求医生在含氯石灰的溶液中洗手。这一举措令死亡率迅速降低了百分之九十。又过了两个月,死亡率降为零。然而,塞麦尔维斯没有被视为英雄;他被愤怒的同事们赶走了,因为他竟敢像命令淘气学生一样命令他们洗手。这场洗手运动的惨败,和死亡率的下降之间,又会有什么样的关系呢?

冷　　遇

塞麦尔维斯离开诊所后,死亡率又上升到原来的水平。后来每到一处,他都会制定同样的洗手规定,而死亡率也随之骤降。但他的宿敌总是想方设法把他赶走,然后死亡率又会上升。始终没有人愿意听从他的意见。令人难以置信的是,维也纳医学委员会认为塞麦尔维斯专门制造麻烦,因为他企图将病人和婴儿的死亡归咎于该医学会赫赫有名的成员身上——而这些医生居然认为用他们沾满病菌的手给病人做检查并无不妥。

人们都认为塞麦尔维斯是个倔强的怪人,处处嘲笑他。塞麦尔维斯被边缘化了,被迫离开医学领域。但他并不后悔,仍然坚持着自己的信念。他向自己的妇产科同仁发了一封公开信,但对他来说不幸的是,这封信流露出对抗的意味。塞麦尔维斯的敌人觉得是时候要采取重要行动了,于是宣布塞麦尔维斯是疯子,把他关起来,让他不能再制造任何事端。

1865年,维也纳最著名的皮肤科医生费迪南·里特尔·冯·希伯拉(1816—1880)带着几个医生,以会诊为借口把他骗到了一个精神病院。塞麦尔维斯刚要进去就起了疑心,他试图离开,但是希伯拉手下的医生已有所准备,对他一顿痛打。塞麦尔维斯很快就死于精神病院。

Lit hygiénique.　　　　　Lit antihygiénique.

二十世纪早期的一本书上关于卫生新规则的内容,右边的床被认为会藏匿细菌

根深蒂固的错误看法的确不容易被改变,但是当确凿的证据清楚地摆在所有人面前时,持错误看法的人想要做的唯一的事情便是杀死将带来正确看法的人,这实在是令人匪夷所思。但是塞麦尔维斯并没有被遗忘。"塞麦尔维斯反射"成为科学界的一个固定表达方式,指根深蒂固的思想遇到任何与自己相左的看法时所具有的本能反应。

物种起源

——进化链条上缺失了一环

直到二十世纪早期,古生物学家和人类学家都认同这样一个观点:进化链条上缺失了一环,那就是早期人类祖先,如果有了这一环,就能解释从猿到人的完全转变了。

人类的血统:流畅的转变过程,但并非现实

寻寻觅觅

尽管上述观点缺乏科学事实作为依据,但自十九世纪晚期以来,考古领域一直在对这缺失的一环孜孜以求。很多人苦苦寻求着,更有人认为自己找到了证据。在十九世纪,一些考古学家认为所谓的早期人类祖先仍然出没于地球上人迹罕至的地区。有一个疯狂的人甚至试图对之进行繁育,他的行为在第三世界产生的影响至今没有消除。

荷兰古生物学家尤金·杜巴斯(1858—1940)是第一个有计划地寻找缺失一环的证据的人。1890年,为了寻找证据,他将印度尼西亚半个爪哇岛挖了个底朝天。1890年下半年,他在东爪哇的梭罗河附近挖掘出了后来被称为"爪哇人"的遗骸。它来自于类人猿,杜巴斯立即宣布它就是缺失的一环。但是几乎没有人相信他的话,而他招致了学术界太多的愤怒,不得不带着这些骨头遁世而居。直到1923年,杜巴斯才允许人们检查他发现的遗骸,这些遗骸很快被证实为来自直立猿人。杜巴斯自此又回到了籍籍无名的状态,再没有与学术圈产生任何关系。

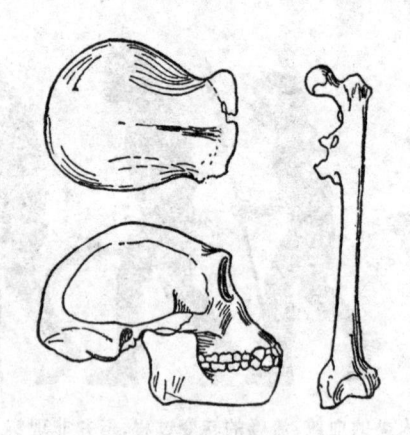

"爪哇人"的遗骸

还有一些人,他们不满足于仅仅寻觅所谓"缺失的一环"的遗骸,认为这缺失的一环并没有灭绝,仍然活在这个世界上。这里所说的,当然是大脚野人了,它也被称为萨斯科奇人、雪人或可怕的雪人。

> **当时听上去像个好主意**
>
> 二十世纪五十年代，为了解决婆罗洲的疟疾问题，世界卫生组织决定通过用喷洒DDT杀虫剂的方式消灭蚊子。但这种杀虫剂同时也杀死了一种以毛毛虫为食的黄蜂，而这种毛毛虫喜爱啃食当地茅草房屋屋顶。由于没有了天敌，该地区的房屋屋顶都迅速消失了。很多猫也遭了殃，因为用舌头舔舐自己沾有杀虫剂的皮毛而死亡，继而老鼠的数量激增。为了解决这一问题，英国皇家空军向该地区空降了一万只饥肠辘辘的猫！

十九世纪中晚期以来，美国大众媒体宣称大脚野人还活着，它们就是那缺失的一环。令人惊讶的是，一些学术上的重量级人物都坚决支持这一观点，其中包括华盛顿州立大学的人类学教授格罗弗·克兰茨(1931—2002)及其同事杰弗里·伯恩(1909—1988)，后者也是具有国际声誉的佐治亚州亚特兰大耶基斯国家灵长类动物研究中心的负责人。

这一观点也获得了英国人类学家、灵长类动物学家约翰·纳皮尔(1917—1987)的认可，他同时也是美国史密斯森协会的重要成员。著名的人类学家玛格丽特·米德(1901—1978)也相信这种毛茸茸的生物仍然出没在雪线上，它们就是那缺失的一环。然而她也相信不明飞行物和外星人守护者的存在，它们被派来观察地球人，并确保地球文明的良性发展。

1953年，探险家埃德蒙·希拉里爵士称见到了雪人的踪迹，并于1960年进行探险来寻找它们存在的证据。1959年，演员詹姆斯·斯图尔特取得了一只手骨，据称来自于雪人，在此之前属于西藏的僧人，后来被偷走了。斯图尔特将这只手骨从印度偷运到伦敦进行检查。在伦敦，灵长类动物学家威廉·查尔斯·奥斯蒙德认为这是一个尼安德特人的手骨。2011年,美国人类学家、爱达荷州立大学的教授杰弗里·梅尔德伦(1958—)前往西伯利亚寻找大脚野人,但最终一无所获。

唯一的问题

唯一的问题是这些调查都没有科学事实作为依据。没有任何人,包括达尔文,宣称过人类是由猿猴进化而来的。因为如果是那样的话,现在就不会有猿猴了——它们也会进化,成为人类的一分子,当上银行家或者议员等。此外,尽管十九世纪的学术界认为人类的血缘是线性的,有着明确的发展演变阶段,现在我们知道这个认识是偏离正确方向的。

狗的血统

许多动物,包括狗和猫,最初都起源于同一物种,它们的共同祖先是史前的小古猫,这是一种在树上栖息的动物,爪子可以伸缩以便爬树,样子像狗。由于生活环境的不同,这种动物出现分化,形成了猫、狗、鼬、鬣狗等物种。即便如此,有理性的人也不会断言狗是由猫进化而来的。此外,值得一提的是,鬣狗是猫和狗之间非常令人困惑的一个物种:尽管这种动物在外形上和其他无数方面像集群捕猎的狗,但它实际上是一种猫。

不同骨骼的侧面图,从左至右依次是长臂猿、猩猩、黑猩猩、大猩猩和人类

德斯蒙德·莫利斯写了《裸猿》(The Naked Ape, 1967)一书,将人类与其他动物进行了对比,在某种程度上确立了人类是由猿猴进化而来观点,如同那种一度流行的展现人类进化的海报所描绘的那样,几个形象依次排开,身体逐渐直立,体毛也逐渐消失。达尔文认为人类和灵长类动物有着共同的祖先,人类的进化是一个分化和平行进化的过程,而不是线性进化的过程。在达尔文之前也有人持这样的观点。

传统观念所认为的人类进化是一系列相继发生的干净利落的转变,这是很不确切的。人类也许是地球上最具危险性的动物,经历了缓慢而痛苦的发展历程,这一历程拥有多个分支,而且并不平坦,处于一些分支的物种逐渐灭绝,而另一些物种存活下来,甚至在漫漫千年的历程中相互杂交。各个阶段之间并不存在明晰的分界线。

漫长的分化

2006年,哈佛大学的人口基因学家大卫·赖希开展了对人类基因组复杂历史的探索,揭示了早期原始人和早期黑猩猩自共同祖先的进化历程比之前认为的更加漫长和复杂。如同尼安德特人同早期现代人类发生了共栖和杂交一样,在数百万年间,早期原始人和早期黑猩猩之间也发生了共栖和杂交。最近,在现代人类和现代黑猩猩身上都发现了 X 染色体,表明这两个物种之间的最终分化是最近五六百万年前的事情,比之前认为的要晚大约一百万年。但这并不能证明所谓的缺失的一环的确存在,而是仅仅表明早期人类和黑猩猩,在从共同祖先分化出来并认可对方作为繁衍后代的伴侣后,在外形上保持相似的时间比我们之前认为的要更长。

谬误流传

尽管人类的进化史上从未存在过一个明晰的链条,更不存在那个恼人的缺失的一环,这一观点却没有消亡。1859 年,达尔文写了《物种起源》一书,遭到了神创论者的疯狂反对。据称达尔文认为人类是由猿猴进化而来,而非由神创造,因而被神创论者所嘲笑。而我们在前面提到过(参见本书相关章节:从孟德尔到门格勒),达尔文从来没有表达过上述看法。但是在很多方面,尤其是媒体认为它大做文章的时候到了。有的人根本没有读过达尔文这一影响深远的著作,却也迫不及待地加入了批评行列。

并不野蛮

继 1856 年在德国杜塞尔多夫东边的尼安德谷发现尼安德特人的遗骸之后,学术界立即为其贴上了野蛮的类人动物的标签,具有浑身长毛、耸肩驼背、手挥大棒的形象。但事实上,尼安德特人比这要文明得多。

尽管尼安德特人比现代人略微矮小且更加健壮,他们并不是居住在洞穴里的傻瓜。尼安德特人的大脑容量比现代人多约一百毫升,他们会建造用于单独或群体居住的住所,也会生火取暖。他们烹煮肉类和蔬菜,有自己的语言,所制造的工具也和同时期进化的现代人的工具一样精巧。如今的基因库显示,尼安德特人和现代人之间具有交际往来,并进行杂交繁育(欧洲人和亚洲人约有百分之四的尼安德特人血统)。

人们曾一度认为,所谓的现代人占据上风之后,将"原始的"尼安德特人一举消灭掉了,这是顺理成章的事情,而这一看法也被驳倒了。DNA 研究方面的进展显示,尼安德特人只是并入了早期克罗马努人的种群,并通过异血缘交配发生了改变。因此,尼安德特人并没有消亡——而是仍然在我们身边,而女性读者对这一点并不会感到意外。

随着二十世纪到来,英国一位名叫查尔斯·道森(1864—1916)的业余考古学家对发掘很感兴趣,他的挖掘活动遍布半个苏克赛斯郡,一时名声大噪。1912年,道森突然宣布了一个惊人发现:他在苏克赛斯郡东部的皮尔丹找到了缺失的一环——即人们一直在寻找的猿人的遗骸。

直到四十多年后,这个所谓的"发现"才被揭穿骗局本质,当年宣布发现的骨头不过是一个中世纪的人类头骨、猩猩的下颌骨以及黑猩猩的牙齿的组合,骨头被锉平了,以便外形看上去更像人类,并且有可能利用化学溶液进行了做旧处理。但究竟是道森自己策划了这个骗局,还是受了别人的骗——后者故意把骨头埋在他要挖掘的地方让他来发现,始终没有令人满意的答案。然而还有一个有趣的细节,那就是这里也有阿瑟·柯南·道尔爵士的身影。柯南·道尔因为支持唯灵论运动而遭到基督教原教旨主义者的猛烈抨击。他不仅本人就住在皮尔丹,而且和道森一样,也是苏克赛斯考古协会的成员。在准备"发掘"之前,人们经常看到他们二人密切交谈。

1953年,《时代》杂志发表了一篇文章,彻底揭穿了所谓的皮尔丹人的骗局,但是影响已经造成了:关于缺失的一环的观点已经牢牢地刻在公众的脑海里,无可挽回了。

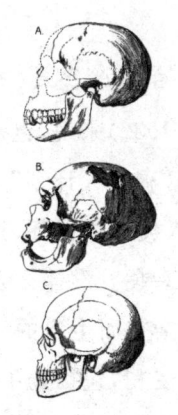

头骨对比:(A)皮尔丹人;(B)尼它德特人;(C)现代人类　　对皮尔丹人的艺术再现

1974年，在埃塞俄比亚出土的骸骨迎来了缺失一环的理论的又一次再生。骸骨的主人被命名为"露西"（因为骨头首先被挖掘出来时，考古学家的录音机里播放的正是披头士的《缀满钻石天空下的露西》这首歌）。它生活在距今三百万年前，类似于黑猩猩，其骨盆结构和膝关节的特征表明它已经能够直立行走了。

2010年，在埃塞俄比亚又发现了与露西相对应的男性骨骼。这具骨骼年代更久、其主人的身材也更高大，这令一些学者对缺失的一环的理论前景感到更加振奋。但这两次发现在任何程度上都没有表明其与缺失的一环有关。现在不妨假设一下，如果当今人类的大部分痕迹都在这个星球上被抹去了，来自其他星球的考古学家发现了伯明翰马戏团的"大象人"约翰·梅里克和矮小的成年人——大拇指汤姆的遗骸。如果他们想根据这一发现了解人类文明，他们会偏离事实多远呢？也许的确存在着孤立的猿人群体，它们选择了直立行走，却因这种大胆行为而被消灭，因而在很早以前就灭绝了——这也不能证明它们处于人类血统的链条上。

分阶段实验

现实是无法改变的，对于斯大林手下的科学怪人、苏联生物学家伊利亚·伊万诺维奇·伊万诺夫（1870—1932）来说，也是如此。二十世纪二十年代晚期，这位生物学家开展了"猩猩人计划"。早在十多年前，伊万诺夫就公开表达了他对通过令人类和黑猩猩、猩猩甚或大猩猩杂交而繁育的"缺失一环"的可能性的兴趣。没什么人质疑他的想法，因为毕竟他制造出了斑驴（斑马与驴杂交而生出的动物），而且对许多不同的动物进行了异种繁衍或异种受精，包括奶牛和羚羊、兔子和老鼠等等。

1925年，伊万诺夫从克里姆林宫获得了支持"猩猩人计划"的资金。他认为相关试验在离莫斯科越远的地方进行越好（这倒没错）。于是他和他的儿子（名字也叫作伊利亚）远赴约束相对宽泛的非洲。而他选择非洲的另外一个罪恶理由是认为非洲最适合开展他的计划，因为"众所周知"，非洲人比欧洲白人更接近我们的猿猴祖先，而他的荒唐闹剧是需要人的参与的。

　　1926年夏天，伊万诺夫在几内亚首都科纳克里安顿下来，那时该地还被称作法属新几内亚。但是人们并不清楚接下来具体发生了什么，仅知道第一轮实验主要是用人类的精子令母黑猩猩受精，但采用的具体方法成了人们疯狂揣测的话题。伊万诺夫对他的方法避而不谈，只是宣布提供精子的是非洲男性，他们"因其投入而获得了丰厚的报酬"——这个表述引发了当时和后来人们的无尽猜测。

　　第二轮实验是用黑猩猩的精子令非洲女性受精。但是同样地，这种实验进行了多少次就失败了多少次，人们不得而知。1927年，法国政府苦于谣言纷起，不得不令伊万诺夫父子返回俄国。俄国又为他们在斯大林的家乡——格鲁吉亚的苏呼米提供了设施。然而他们的实验没有产生任何成果。根据斯大林执政期间的老传统，老伊万诺夫被命令流放，再也没有回来，并于几年后去世。

灾难性后果

　　但是伊万诺夫的愚行所导致的后果没有消弭。尽管直到现在，大部分人还都认为人类免疫缺陷病毒（HIV）和艾滋病是二十世纪八十年代出现的，但是现在我们知道，猿猴免疫缺陷病毒（SIV）越过了种族的藩篱，在二十世纪二十年代晚期变成了人类免疫缺陷病毒（HIV），而几内亚是该疾病发生最为严重的地区之一。

首次证实人类免疫缺陷病毒（HIV）是猿猴免疫缺陷病毒（SIV）的变种之后，很多谣言称是因为人类和猴子在丛林中进行性活动而导致病毒传播的。医学上更加保守的意见则认为是猎人在猎杀丛林动物后处理尸体不小心而造成病毒传播。但是在非洲，猎杀黑猩猩和其他猴类动物已经有几千年的历史，为什么猿猴免疫缺陷病毒（SIV）在这么久之后才跨越了种族的藩篱呢？

就在不久之前，医学观点进行重新评估，再次求证伊万诺夫及其被同样误导的俄国同时代科学家塞尔日·甫洛诺夫（参见本书相关章节：我等皆猴）的实验在人类免疫缺陷病毒（HIV）方面可能带来的影响。

半人半猿军队

尽管没有证据表明伊万诺夫知道克里姆林官为他古怪的实验提供资金支持的目的，但人们后来得知，斯大林以及他的秘密警察局长拉夫连季·贝利亚（Lavrentiy Beria）非常想知道是否能够创造出一支全新的半人半猿军队。这样就无须在俄国荒凉的北方花大力气征兵，就能够拥有理想的士兵了，因为黑猩猩本身具有部落习性，非常习惯在自己的天然环境中投入有组织的战斗。此外，它们的奔跑速度超过了奥运会短跑运动员，单手就能拔起1000磅的扭力杆。这一切会造就一支极其野蛮、令人生畏、也许会无条件服从命令的军队。至少斯大林和贝利亚希望如此。

回到开头

关于人类血统，最后再说一点。有一种观点认为非洲是现代人类的摇篮。这一观点的流传已有一段时间。2001年，布赖恩·赛克斯出版了引人入胜的纪实小说《夏娃的七个女儿》(*The Seven Daughters of Eve*),将这一观点从学术领域带向大众普及。据赛克斯推测,真正的人类首先于大约二十万年前出现在非洲中部和东部。

但是人类学家还将继续发掘。2006年,位于以色列罗什艾因的格色姆洞穴(Qesem Caves)出土了人类的牙齿以及大量动物骸骨,骨头上带有肉被用燧石刮去而留下的明显痕迹。这些遗迹的时间比非洲的发掘要早二十万年,所以,除非非洲还有年代更久远的发现,圣地中东是人类的摇篮——至少目前如此。

以身饲同胞

——非洲和波利尼西亚部落热衷同类相食

同类相食,即一个人吃掉自己同类,这也许是人类所能犯下的最残忍罪行。自古以来,人类社会对此话题始终兴味盎然。印度和希腊神话不乏诸神吃掉自己子女的情节,或者心怀仇恨的妻子将丈夫最喜爱的儿子炖煮以后,端给不知情的丈夫食用。如今,人们在表达强烈欲望时会说想吃掉对方,另外在性方面也有无数关于吃的隐喻。

教皇的暴政

在古代有一个相沿成习的做法,敬神的人要为他们所崇拜的神或半神供奉一个替身,并将其吃掉。然而这只是以一种特定的、以尊敬甚或虔诚的方式进行的食人行为,它仅涉及饮血以及食用人体的特定部位,比如心脏。这样做通常是为了保证被吃掉的人能够去往天堂,甚至重生。虽然这些观念现在看来非常原始,但是如今的基督教会经常进行具有食人肉的隐喻意义的做法:弥撒或圣餐仪式上酒与饼被认为代表着"基督的血与身体"。

除了以上古已有之的做法外,长久以来人们认为许多非洲和波利尼西亚部落嗜食自己的同胞，这是他们饮食中不可缺少的内容。直到在二十世纪晚期质疑这一观点之前，这个广为认可的人类学"事实"成为许多探险之旅的重头戏，探险者归来后会进行巡回演讲，大肆渲染，并由此获取丰厚的收入。即便是今天，在《夺宝奇兵》或《失落的世界》这类题材的电影中，如果没有一个将人扔进大锅慢慢加热、一群带着骨头装饰的不那么可怕的野人围着大锅跳舞的镜头，那么这部电影是不完整的。这种观点的盛行是谁造成的呢？答案是十五世纪的梵蒂冈，以及它想要拥有全世界的贪婪行动。

探险年代

在地理大发现时代，从十五世纪到十七世纪，天主教国家西班牙和葡萄牙引领着发现新大陆的探索。它们除了在新大陆开采金银以外，在随后的奴隶贸易中也攫取了丰厚的利润。接下来发生的事不难理解，梵蒂冈认为有必要找借口来粉饰它的奴隶贸易，因为奴隶贸易本身是有问题的。许多教皇都有奴隶，而教皇海军的大帆船就是靠拴着铁链的奴隶运行的。但是，尽管《圣经》里充斥着关于对各种奴役行为的神圣理由——比如在《民数记》的第 31 章中包含令十岁女孩作性奴的情节：摩西命令以色列人"为了你们自己""让还没有通过与男人睡觉而了解他"的所有女童"都活下来"——梵蒂冈却并不急于让整个欧洲知道自己的贩奴行径。

必须要指出的是，在那个时代，《圣经》仅有拉丁文版本，如果非神职人员胆敢阅读其中的内容，就会被活活烧死。食人肉这个借口似乎提供了一个理想的解决方案。新大陆上的本土人民不得被奴役——因为大家都是上帝的子民——除非发现他们吃人，那么他们就不再是上帝的子民，就比地里的牲畜还要低一等，而上帝允许人类主宰牲畜。因此，比牲畜还要低级的生物，必须由人来主宰。

哥伦布踏上陆地

食人者说法的由来

在西班牙下令掠夺成性的哥伦布前往异邦探险之前（可怜那里的本土居民毫不知情），西班牙卡斯提尔王国的女王伊莎贝拉一世及其丈夫——阿拉贡国王费迪南二世前往拜访教皇亚历山大六世,请教皇在该事宜上给予明确的指示。教皇亚历山大六世即罗德里格·博吉亚,此人善用残暴的手段（参见本书相关章节：关于地球的愚见）。他非常高兴做这件事,于是在世界地图上画下了那条有名的分界线,线的左右两边分别是葡萄牙和西班牙的活动范围。

1492年,哥伦布按计划向美洲进发。到达加勒比以后,哥伦布轻率地宣布当地的卡尼巴人是食人一族,并立即对之进行屠杀或奴役。因这一次暴行,当地人的名称便成了食人者,这就是食人者说法的由来。于是乎,每当探险者到达一个新国家,他们就会宣布该国所有的人都是食人者——接下来将他们铐起来,或者是更糟的情形。仅在海地，由于西班牙的缘故，当地泰诺人的数量在短短三十年时间内由五十万人减少到三百五十人。

一本1891年出版的书中描绘哥伦布登陆的情形

为了佐证他们的说法，奴役探险队伍印发了很多耸人听闻的小册子，其间不乏面色悲戚的俘虏被绑着投入大锅的画面。这些小册子后来成为十八世纪和十九世纪早期人类学家前往寻找可怕的部落的标准参考资料。但他们从来都是失望而归——没有一个人类学家发现过一个村民承认自己吃人的村子。

早期艺术作品中的南美洲土著形象

言之无理

奇怪的是,这些早期的人类学家没有探究过那些能够解释事情真相的基本问题,比如:石器时代生活在非洲或波利尼西亚部落的人从哪里得到大铁锅,足以烹煮从三四个人身上割下来的肉呢?他们也忽略了一个数学问题:这些人过着极端困苦的生活,要为食物不停地奔波却仍食不果腹,一个普通人最多能提供十磅肉,那么如果村庄里一百个成年人想要吃一顿饱饭的话,需要十个人才够。一年下来,这个食人村需要吃掉他们邻村的四千个人。考虑到这些地区的人口水平,这显然是不现实的。

人类学家也没有考虑到更现实的问题:森林里的动物和河里的鱼出肉率更高,也不会拿着武器抵抗。从医学角度来看,吃自己的同类也是不好的。人类携带有一种危险的朊病毒,这种蛋白质颗粒类似于能导致克雅氏症或"疯牛病"的蛋白质,据说能导致脑部疾病。位于巴布亚新几内亚的福尔(Fore)部落是目前人们知道的为数不多的几个在葬礼上实行食人仪式的部落之一。在二十世纪五十年代晚期,这个部落因为染上一种致命的类似克雅氏症疾病,差一点全军覆没。这种病在当地语言里称为"库鲁",意思是"颤抖着死去"。

当然了,人类学家发现了古代人类遗骸,上面带有他们所称的屠戮痕迹。但他们不知道发生这些伤害的具体情形是什么。西方进入文明时代之后,因为饥饿导致的同类相食也是尽人皆知的。第一批英国殖民者到达弗吉尼亚的詹姆斯敦,在1609年食物告罄之后,也不得不靠吃同伴来维生。二战期间,遭遇列宁格勒之围的俄国也发生了吃人事件。还有1972年的安第斯空难,大家都很明白幸存者是靠吃什么活下来的。事实上,很大一部分确实发生过的食人行为都与欧洲白人有关。

帕克有点儿饿

世界上第一个因饥饿食人的起诉案件发生在十九世纪的美国,即有名的阿尔弗莱德·帕克(1842—1907)案件。1873 年 11 月,帕克贸然带领几名黄金探矿者自科罗拉多州的甘尼森前往高海拔地区。接下来发生的事情毫无悬念:他们被恶劣的天气困在了小屋里。帕克很快意识到,在冰雪融化前,他唯一的食物来源就是他的同行者了。后来帕克回到甘尼森,样子看上去吃得不错,一点不像经历了饥馑的折磨,于是大家问他怎么回事……答案让听的人脸色苍白。

接下来对帕克的审判在美国出了名,其原因之一是主审法官的结案陈词。法官梅尔维尔·B.格里是民主党成员,而在科罗拉多州,共和党人是占多数的。格里法官对被告有怨气,在命令帕克接受审判时,他是这样说的:"帕克,你真该死,整个欣斯代尔县只有七个民主党人,而你,你这个下流的杂种,居然吃掉了其中的五个!"

枉担虚名的鼠辈

——老鼠携带的跳蚤导致中世纪的淋巴腺鼠疫

中世纪的欧洲瘟疫肆虐。后来在十九世纪,这些瘟疫统称为"黑死病"——这个词是十九世纪早期出现的。最后一场瘟疫爆发于1665年,紧随其后便发生了那场伦敦大火。很长时间里,人们认为这场流行病是淋巴腺鼠疫,它以老鼠身上的跳蚤为载体,感染人的淋巴系统,让病人的淋巴结产生疼痛难忍的肿块。但是现在看来,老鼠一直在枉担虚名。

疑云初起

直到1894年,人们才认识到老鼠携带的跳蚤在传播淋巴腺鼠疫中的作用。根据人类学家、人口统计学家兼传染病传播领域专家詹姆斯·伍德博士的观点,淋巴腺鼠疫确实存在的证据出现于十八世纪晚期;但淋巴腺鼠疫在此之前无疑是存在的,只是最早出现在什么时候,目前还不得而知。

这个观点一直大行其道,直到进入二十世纪,一些学者和流行病学家开始对其产生怀疑。他们认为该种疫病为肺炎性鼠疫,它引发类似炭疽热的感染，侵袭人类的呼吸系统，并在人际间造成传播。尽管他们对于该病的具体性质仍有分歧，但达成了基本的一致，即认为该病经淋巴腺传播是站不住脚的。

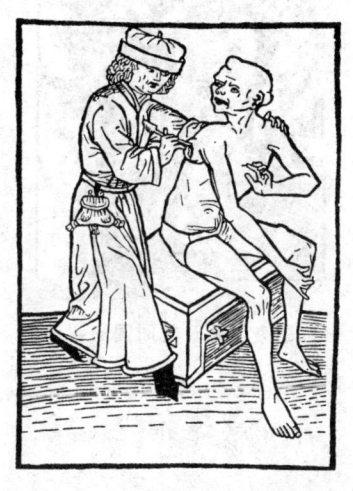

医生用刀切开淋巴腺鼠疫患者的肿块

伦敦大火

由于这场疫病，1666年伦敦大火中死亡人数很少：确认死亡的仅有六人。疫病侵袭伦敦时，该城约六十五万人口的一半立即前往英国的其他地方，也把病菌带到了所到之处。滞留伦敦的人有一半因疫病丧生。因此当大火发生时，伦敦几乎是一座鬼城。

十七世纪以来，主流观点认为大火是必要的净化手段，大火烧过之后，伦敦城再无瘟疫。其实瘟疫多发于拥挤不堪的贫民窟，但是它们在这场大火中几乎没有被触及。而欧洲的其他城市并没有发生火灾，但是瘟疫都消失了。另外，伦敦人携带病菌逃离伦敦的事实，也与长久以来人们认为的该疫病经淋巴腺传播的观点相矛盾。

一位鼠疫患者及其周围的帮助者

急速推进

认为该疫病是由老鼠身上的跳蚤传播的淋巴腺鼠疫,这个观点还有其他的问题。疫病横扫欧洲的速度快得惊人,这表明老鼠携带的跳蚤并没有在其传播中发挥作用。疫情不仅散播范围广、传播速度快(以每周约十到十五英里的速度推进),而且会形成"尖峰",在数英里之外的个别地区出现爆发。淋巴腺鼠疫目前仍然存在,尤其见于热带和亚热带地区。但尽管随着现代交通的发展,人们的流动性增加,淋巴腺鼠疫的传播速度不过每年十五到二十英里,感染者的死亡率仅为3%(在接受治疗的情况下)。2004年10月,印度乌塔兰契尔邦的Dangud村发生了淋巴腺鼠疫,病情迅速得到了控制,332人中仅有3人死亡。即便在采取医疗手段之前,该疫病也没有蔓延到附近的村庄。这和之前所发生的传播速度快上百倍、令40%的感染者失去生命的可怕疾病相比,怎么可能相同呢?

中世纪这场疫病所产生的免疫力情况也与当今不相同。有时疫病年年来袭,人们对之司空见惯。其死亡率有时会在一两代间从40%降到4%,最后只有免疫系统尚不健全的孩子会受到感染。然而今天,首次感染淋巴腺鼠疫后存活的人却没有显示出形成免疫力的迹象。

受到质疑

二十世纪八十年代以来,否定淋巴腺鼠疫说的声音日益强烈,他们提出了有针对性的质疑,令信奉该理论的人十分愤怒。广受尊敬的英国动物学家格雷汉姆·特维格博士是第一个对淋巴腺鼠疫理论提出有分量的反对意见的人。他在《从生物角度重新评估黑死病》(*The Black Death: A Biological Reappraisal*,1984)一书中指出,炭疽热是引发该疫病的元凶。利物浦大学的医学统计学家苏珊·斯科特和克里斯托弗·J.邓肯二人在《疫病生物学》(*The Biology of Plagues*,2005)中提出,该病通过一种类似埃博拉的病毒进行人际间传播,而淋巴腺鼠疫几乎仅仅是由老鼠身上的跳蚤传染给个别的人。格拉斯哥大学的塞缪尔·克莱恩·科恩教授在《变异的黑死病》(*The Black Death Transformed*,2002)中也探讨了其他理论,其中一种是它和肺炭疽有关。

尽管敢于质疑淋巴腺鼠疫说的人掌握了大量的证据,却没有受到多少关注,因为人们认为他们"否认瘟疫的存在"。但他们并没有否认黑死病发生的规律性,只是在该疾病的传染性质方面有不同的看法。

应对之道

如果一个城市发生了淋巴腺鼠疫,最好的应对方法是往城里运老鼠,越多越好,让这些老鼠随意窜动,以便让跳蚤有处可去。这听上去可能很傻,但的确有效果。

让我们假设这种疫病经由淋巴腺感染,并且带菌体是老鼠身上的跳蚤。跳蚤只有在寄主受到感染并死去后才会离开。当老鼠数量随之大幅度减少后,这些跳蚤会寻找一个目标——猫或者狗。只有当猫和狗的数量大幅下降以后,跳蚤才会来到人身上。这显然意味着在老鼠、猫和狗大幅减少之后,人才会感染淋巴腺鼠疫。但是从十四世纪到十七世纪,并没有任何关于疫病暴发前有大量老鼠和猫狗死去的记录。

今昔对比

让我们来对比一下黑死病期间所记载的淋巴腺鼠疫的症状和表现。在现代,淋巴腺的感染仅限于腹股沟出现肿块。跳蚤很少叮咬人体脚踝以上的部位,而人体能够感染淋巴腺鼠疫的最低部位是腹股沟。但是根据中世纪的记载,病人周身都出现肿块,甚至连耳朵后面都不例外——而感染淋巴腺鼠疫从来不会出现这样的症状。

中世纪的医学记载还提到了病人会疼痛难忍和出现脓肿,这些都不是感染淋巴腺鼠疫的典型症状。症状还包括黑色的脓疱,这也不是淋巴腺鼠疫,而是炭疽病的典型症状("炭疽[anthrax]"这个词源于拉丁语,意思是煤,它和英语中的另外一个单词"anthracite"是同源词,后者的意思是无烟煤)。

不看不知道:科学谎言大揭秘

- 旅鼠并不会集体跳悬崖自杀。
- 一条蠕虫切段后不会两段都存活。
- 猎豹每小时的奔跑速度达不到70英里。
- 鬣狗不是狗,而是猫。
- 蟒蛇缠绕猎物不是将它们挤碎,而是令它们窒息而死。

传染病医生的防瘟疫装备

现在我们来研究一下这种疫病的传播速度。老鼠一旦发现适合居住的地方，就会固定居所，如果条件不合适，或者食物供应中断，就会在大概一英里的范围内重新寻找住所。如果淋巴腺鼠疫由老鼠传播的话，这与它在现代的传播特点相吻合，但是与黑死病的传播速度不相符。另外，如果黑死病是由老鼠传播的话，它又是怎样横跨阿尔卑斯山和比利牛斯山，长途跋涉之后传到并没有老鼠的冰岛和格陵兰岛呢？也许可以说老鼠能以船作为交通工具做到这一点，但鉴于这样的航行耗时甚久，再加上鼠疫的潜伏期，应该有满是死老鼠以及死去船员的船只被冲上海岸的记载。但我们并没有发现这样的记载，目前还没有这方面的证据。

另外，如果黑死病是由老鼠传播的，它为什么总是沿着贸易路线铺散开，为什么为防止疫病蔓延而采取的隔离措施似乎真的起了作用？如果病菌是老鼠带来的，那么隔离已经感染的病人根本不会有效果，因为这种情况下人际传播的可能性已经很小了。如果是那样的话，那为什么照料病患的医生和神职人员的死亡率居高不下呢？

再来说一下跳蚤本身。在潮湿环境中及五十到七十八华氏度的温度下,跳蚤繁衍最快。但是科恩教授研究了黑死病的所有爆发情况,并探寻了当时当地的气候和条件,发现这些气候条件非常不适于跳蚤的繁衍。在那种条件下,跳蚤的数量要么处于最低点,要么为零。

一个恰当的例子

支持淋巴腺鼠疫学说的人越来越少,而德比郡伊姆村的例子是他们的经典论据。1665年八月底,当地一个名叫乔治·维卡斯的裁缝收到了从伦敦寄来的布料。人们相信,他在打开包裹时把携带病菌的跳蚤放了出来,这导致他本人于9月7日去世。然而支持炭疽病理论的人很快指出,孢子在受到感染羊毛、布料或其他动物产品中能存活数年。这种观点是正确的。

无论黑死病是通过何种途径传到伊姆村的,维卡斯在去世之前把病菌传播给了其他几个人,而我们要再次强调,淋巴腺鼠疫是不可能通过这种方式传播的。刚强的村民在牧师威廉·莫派申(William Mompesson)(1639—1709)的带领下进行了自我隔离,以阻止疫病的蔓延。所有的人哪里都不去,等待死神的降临,食物和其他生活必需品由伊姆村民想要拯救的其他村的村民送到固定地点,让前者来取用。

其他村子的村民不愿意这样一直无偿提供帮助,于是要求伊姆村的村民付钱来买他们需要的东西。如今,如果你去伊姆村旅游,导游向你郑重介绍位于交易地点的石头上的凹印,称其是为了避免硬币传播病菌而进行"醋浸"而设置的。隔离持续了十四个月,350名村民中,有83人最终活了下来。如果这场疫病真的是淋巴腺鼠疫,那么隔离措施完全没有用,除非隔离的是老鼠。

> **关于伊姆村的思考**
>
> 　　再来说说醋浸法。这种做法也见于类似的故事中。在那个时代，人们对细菌、微生物或病毒都一无所知；直到是路易·巴斯德在十九世纪七十年代做了实验以后，医学界才接受了细菌理论（参见本书相关章节：天堂香）。在此之前，人们认为疾病是由不洁的空气和气味带来的。那么伊姆村民何以能够提前两个世纪知道采用醋浸法呢？
>
> 　　儿歌《编个玫瑰花环》的创作，据说也和伊姆村的黑死病有关，据说这支儿歌是村里的孩子在目睹致命的疫病肆虐时创作出来的。然而，当今的记载中没有提到过该疫病会产生红疹，或剧烈的咳嗽。根据《牛津童谣词典》，这支儿歌在十九世纪八十年代之前并不为人所知，它是从新英格兰传进来的。

　　也许过度强调伊姆村的例子不太恰当，因为并没有同时代的文献来予以佐证。处于隔离状态的区区350人不足以长期吸引这一致命疫病的注意力——十四个月毕竟也太长了。我们也得知有几户人家逃出了伊姆村，其中包括莫派申本人，他带着自己的两个孩子去了谢菲尔德。

先父遗传
——后代会继承母亲前任性伴侣的特征

繁衍后代是人类的本能，但是有的人需要比别人多费一些周折才能找到愿意与其建立家庭的意中人。按照先父遗传理论，在选择伴侣时一定要慎之又慎，根据这一伪科学理论，子女会继承母亲前任性伴侣的特征。

观念形成

先父遗传理论可以追溯到亚里士多德时期，而在十九世纪晚期才被证实是错误的。该理论起源于女性在所有与性和生育有关的活动中承担类似容器的作用的观点。人们认为女性的每一个性伴侣都会为其留下永久的"痕迹"，其中第一个伴侣留下的痕迹是最明显的，之后的伴侣给女性带来的痕迹的明显程度会依次下降。

也许在厌恶女性的人看来，先父遗传理论是有道理的。这一理论一度也被用来解释非典型妊娠，而直到1984年DNA分析诞生，非典型妊娠的原因才真正被揭开。幸亏有了科学进步，我们现在知道，在特定情形下，一位母亲同时产下的两个婴儿可能有其各自生物学意义上的父亲。一个新近的例子来自德克萨斯州达拉斯的米娅·华盛顿，在2009年的一次常规医学检查中，她发现自己的一对十一岁的双胞胎的基因来自两个不同的父亲。

这是因为米娅在怀孕期间有了外遇，她同时和两个男人保持着关系。因为精子在女性体内最长可存活五天，这两个男人分别让米娅的一个卵子受精，间隔可能不超过几个小时。因为事件涉及的三人均为黑色人种，所以在孩子出生时没有发现异样；真相是在十一年后的一次例行体检中被揭开的。

女性在一次分娩过程中会生出一黑一白两个孩子，这也是发生过的。其中一例发生在二战后的德国柏林。一名德国白人女性除了她的德国白人伴侣之外，还与一个美国黑人士兵保持着关系。不难想象如果这样的事情发生在古代，两千年前的人对此会有何看法。但是先父遗传理论是否是从中得到启发而产生的，就不得而知了。

不同的解读

不同的社会以不同的方式解读先父遗传理论。古老的犹太传统允许复杂的婚姻形式存在，从《圣经》中的人物——俄南身上可见一斑（"手淫"行为就是以他的名字命名的，参见后面方框中内容）。《摩西律法》中包含着一个不太为人所知的内容叫作"娶寡嫂制"，意为一个女人在守寡后，若其仍处于生育年龄，必须由逝者的一个兄弟来娶她，无论这个人结婚与否。他的任务是帮助逝者生育子嗣，让逝者对家庭血脉的传承有所贡献。犹太观念认为，根据先父遗传理论，孀妇的体内已经有了逝者的痕迹，所以由与逝者血缘相同的兄弟来传宗接代最合适不过了。

先父遗传理论也盛行于中世纪的英国。黑王子爱德华与"肯特的漂亮侍女"——琼的婚姻也受到了它的影响。先父遗传理论非常看重新娘的处女身份,因为处女"身体清白"。而琼分别在十二岁和二十岁有过一次婚姻,已非懵懂女孩。如果一名皇室成员或贵族置先父遗传的诅咒而不顾,宁可让自己的子嗣血统不纯也要与孀妇、离异或平民女性结为夫妻,那他的唯一选择就是"贵庶通婚"。

根据"贵庶通婚"的要求,新郎在新婚之日的第二天早晨(这在早期德语里称为"morgan")的第一件事就是送新娘一件礼物,这件礼物便是允许新娘从这桩婚姻中获得的唯一利益。最重要的是,他们所生的孩子都不能进入父亲的家系,其法律地位仅比私生子高一级。

《圣经》中的先父遗传论

在《圣经》中,上帝杀死了俄南的兄弟,因此俄南要娶自己的弟媳他玛为妻。但是俄南是一个非常贪婪的人,他不想为自己的兄弟生育子嗣,因为子嗣还要继承遗产,不然这些遗产就全是他自己的。故事中的俄南并未沉溺于手淫,而是确实与他玛性交,但他在最后一刻"便遗在地"(《创世记》38:8—10),从而避免让她受精。后来上帝将俄南也杀掉了,于是他的父亲犹大认为自己应当亲自来完成为家族繁衍子嗣的工作,这也是遵循先父遗传理论的体现。

贵庶通婚被一些贵族采纳,其中包括奥地利大公弗朗兹·费迪南。费迪南是奥地利—匈牙利王位继承人,后来他于1914年在萨拉热窝遇刺,该事件引发了第一次世界大战。费迪南生前为了与自己深爱的索菲·霍泰克结合,被迫选择贵庶通婚。索菲的家系不属于当朝或前朝的欧洲统治家族,因此没有资格成为大公的配偶。但费迪南非

常爱索菲,他始终坚持,最终如愿以偿,奥地利国王弗朗兹·约瑟夫同意他们进行贵庶通婚。英国国王爱德华八世也有类似的经历。他想与美国离异女士沃利斯·辛普森(Wallis Simpson)夫人结婚,却受到了首相斯坦利·鲍德温的阻挠。爱德华决定退位,由此给自己短暂的执政生涯画上了句号。

观点盛行

首先提出"适者生存"的英国哲学家兼生物学家赫伯特·斯宾塞(参见本书相关章节:从孟德尔到门格勒)也赞同先父遗传理论。哲学家亚瑟·叔本华(1788—1860)也持同样观点。然而斯宾塞认为颅相学也是一门正确的科学,而叔本华对女性的总体看法也是值得质疑的:在1851年的《论女性》(Of Women)一文中,他称"女性既不适合从事复杂的脑力劳动,也不适合从事繁重的体力劳动"。即使达尔文本人也掉进了先父遗传理论的陷阱,即后来为人们所熟悉的莫顿伯爵的母马事件。

1821年,莫顿的第十六任伯爵——乔治·道格拉斯向世界上历史最悠久的科学院——皇家科学院报告了他将一匹雄斑驴(斑马的一种,现在已灭绝)和一匹母马进行杂交之后发生的怪事。后来这匹母马与一匹白色的公马交配,生下来的小马驹腿上带有和雄斑驴一样的条纹。尽管这很可能是一种巧合——并且我也没有发现关于任何单独查验小马驹的记载——这份来自莫顿的报告被认为是先父遗传理论的证据。达尔文对此予以肯定,在《物种起源》(1859)和其他著作里引用了这个所谓的案例。

偶然产生的杂交物种：斑驴

先父遗传理论很快为种族主义者所用。他们以此为科学依据，劝诫白人女孩避免与"不良分子"接触。从美国内战后初期到二十世纪五十年代，3K党不断向美国南部的女孩宣扬，仅与黑人接吻也会玷污她们的子嗣血统，即便她们嫁给了白人，也有可能生出黑色的婴儿来。

1900年，格里格·孟德尔在基因学领域进行的开创性研究（参见本书相关章节：从孟德尔到门格勒）的意义被重新发现，这敲响了先父遗传理论的丧钟。孟德尔作为基因学之父，以实验证明了特征的遗传规律。这些遗传学的法则暴露了先父遗传理论的愚蠢，令其在科学殿堂中门庭冷落。但也许并非如此？

尽管孟德尔的研究意义得以重新发现，先父遗传理论一直不乏支持者。与3K做法类似，希特勒利用其阻止女孩与非雅利安人交往。就在2004年，俄罗斯东正教还出版了一本名为《贞洁与先父遗传》(Virginity and Telegony)的书，警告女孩子要保持自身的"完整"，避免在婚后生出与前任伴侣相像的后代，让之前犯下的罪恶笼罩自己一生。先父遗传理论在狗类繁殖领域的影响仍然没有消除。人们认为一只血统纯正的母狗，一旦被其他品种的狗"玷污"，就再也生不出像自己一样有展示价值的纯种后代了。

来自地底的蓝色乡愁
——地球空心学说

早期宗教认为地球是空心的,其间为"永恒惩罚之所",是不遵循教义者的归宿。古希腊人认为地球的空心部分是由冥工哈德斯统治的冥界,人无论善恶,都将以此为归宿。在基督教里,这个空心的地方便是地狱。

科学色彩

受神学宣扬地下世界的影响,早期科学也对此予以重视,并展开了进一步的探索。信奉地球空心学说的人认为地球除了表面景象之外,内部有一个太阳为其核心,其间有人生存,通往地球内部的入口位于两极或西藏。地球空心学说有多个分支,它们对地球内部的构成有不同的见解。

1692年,曾成功预言过彗星出现的天文学家兼博学家埃德蒙·哈雷提出地球是一个包含着三个内壳层的空心壳体。他认为各壳层是独立的,均有人居住,有各自的大气层使之与相邻的壳层隔开。哈雷认为通往地球内部的入口位于两极,从地球内部溢出的气体以北极光的形式出现。哈雷的假说获得了极大的认可。

> **掀起热浪**
>
> 马克·吐温曾经说过,"去天堂享受天气,去地狱享受热闹"。但是根据《圣经》记载,天堂比地狱更热。《以赛亚书》(30:26)写道,天堂里"日光必加七倍,像七日的光一样"。经科学计算,包括运用史提芬—玻兹曼定律的第四辐射功率定律,得出其温度为525摄氏度。《圣经》也提到地狱里遍布坑洞,其间流淌着硫黄液体,所以其温度必定是445摄氏度,因为如果温度再高的话,硫黄就变成气体了。

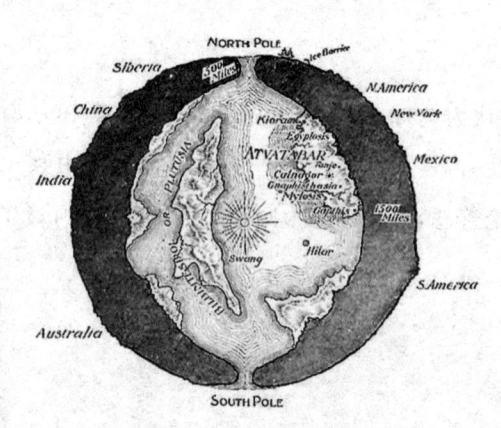

空心的地球,可以由两极进入其内部

哈雷对于古代地球空心学说的思考起始于他1676年在圣赫勒拿岛的南半球观星之旅。在这次考察中,他的罗盘总是出现不一致的读数,即便他一连几天待在同一地点也是如此,这令他非常惊讶。地壳之下一定还有一个或两个旋转的球体——除此之外,还有什么更好的解释呢?当然,那个时代的哈雷不会知道,罗盘度数不一致是很平常的现象:地球的磁力线并不是在两极之间沿直线分布,而是呈不规则分布,而磁力线本身也是变化的。

旧式磁针罗盘的指针总与离它最近的磁力线保持一致,所以永远不会指向真正的北方,当然也不排除纯属巧合的情况发生。这些磁力线是由地球中心不断旋转的实心铁球发出的,而它目前给我们带来了一些困扰,有一些事情似乎正在酝酿,有人认为地球将发生一次极化反转。这种变化大约每隔二十五万年发生一次,而对于我们来说,时间早就到了。

1692年,哈雷向皇家科学院递交了一份报告,报告第一部分的主要内容是:地球的磁力线是由地壳深处的某些物质造成的。如果地球内部还有其他的球体,它们有自己的磁场,以不同的速度甚至方向旋转,那么罗盘度数的变化就能说得通了。当着皇家科学院济济一堂的科学家,哈雷称他的理论与神学上的观点相符合,即充满智慧的上帝之所以创造出如此巨大广阔的世界,不会是"仅为了支撑一个表面",而是"要尽可能地为地球上的生灵创造出多个层面来,且它们是协调有序的"。当被问到海底发生地震时,海水为什么不会因为顺着裂口流入地球的空心部分而枯竭,哈雷是这样回答的:地球的外层约有五百英里厚,因为有"盐类和硫酸性物质存在,它们对石化过程起了促进作用",非常有助于地球的自我愈合。

在报告的结尾,哈雷写道,"在凹形的弧面上,有几处可能有类似太阳表面的物质在发光,我大胆地认为,地球内部的球体可能有生物存在。"这最后的寥寥数语引发了人们对地球空心学说的新一轮兴趣。

深信不疑

受哈雷的学说影响的人不胜枚举,其中包括挪威著名的散文家、哲学家路德维·霍尔堡(1684—1754)。在小说《尼尔斯·克里姆地下旅行记》(1741)中,他将哈雷的理论奉为圭臬。这部小说比儒勒·凡尔纳的更为有趣的作品《地心游记》(1863)要早很多年,霍尔堡在里面讲述了一个年轻学生掉进一个山洞之后,在地球内部又发现了一系列的世界的故事。在这次激动人心的旅行中,他发现了新的陆地,遇到了生活在地壳之下的奇怪生物。

在十八世纪,地球空心学说的支持者还包括苏格兰数学家、物理学家约翰·莱斯利爵士(1776—1832)。他在《自然哲学原理》(*Elements of Natural Philosophy*,1829)一书中,专门用五六页的篇幅来介绍这一学说。十九世纪,赞同这一学说的重要人物包括美国的约翰·克利夫斯·西姆斯(1779—1829)、詹姆斯·麦克布莱德(1788—1859)以及杰里迈亚·雷诺兹(1799—1858)。西姆斯往往被描述成出身名门的冒险家,麦克布莱德是迈阿密大学的重要人物,雷诺兹是深受尊敬的报纸编辑和探险家。

这三人说服了同样认可地球空心学说的美国总统约翰·昆西·亚当斯(1767—1848),使他同意从公共财政中拨出经费,支持在南极寻找通往神奇地下世界的入口的探险活动。但亚当斯卸任以后,继任的安德鲁·杰克逊(1767—1845)是一位更为冷静和理智的总统,他不认同地球空心学说,探险活动夭折了,令其支持者恼怒不已。

雷诺兹并没有灰心,他立刻开始向私人支持者和投机者为探险筹集资金,并于 1829 年下半年再次起航,踏上寻找目标之旅。然而他的船员并非像他一样信心满满,他们认为雷诺兹精神失常,很快厌倦了听从他的命令,以及在陆地表面寻找什么大洞。他们发动了叛乱,把雷诺兹抛在了智利的海岸上,然后乘船离去。雷诺兹被困在瓦尔帕莱索,到 1832 年才被一艘美国的船救起。

纳粹也参与

阿道夫·希特勒对于未经验证的科学理论向来感兴趣,他对于地球空心学说同样也大做文章。德国的修黎社是一个集中了大量右翼怪人的组织,这些人相信各种神秘学说,也认同地球空心学说。纳粹党就是从这个半隐秘的组织中诞生的。修黎社成员认为通往地球内部的入口在西藏,并认为这里在很久以前是销声匿迹的优等种族的摇篮;希特勒和他的大部分亲信都认可这些观点。

1938年,为了寻找假想中的优等种族的人类学证据,希特勒和希姆莱前往西藏探险。在西藏,如果他们遇到了可疑的大洞穴,就会展开调查。探险队收集了许多关于诸如"阿加尔塔"和"香巴拉"(即现在西方人所熟知的"香格里拉")等地下城市的传说,以及关于居住在那里的超级生物的传说。尽管第一次探险的结局是空手而归,希特勒并没有放弃对地下世界的探索。1943年,希特勒认为是时候探索关于地球空心学说的另一个分支了:地球是一个凹形的弧面,所有生物生活在内部的表面上。

1942年4月,希特勒派海因茨·菲舍尔博士率队前往波罗的海的鲁根岛考察。考察队在岛上搭建营地,安装了功能强大的望远镜和雷达。希特勒不是命令他们观测大海的另一端,而是观测天空,探寻在世界的另一头是否有联合行动。探险队于五月下旬返回,当然是空手而归。他们非常担心遭到自己武断的首领的报复,幸运的是,时值纳粹的高级军官莱因哈德·海德里希在捷克斯洛伐克被谋杀不久,希特勒的主要精力被策划复仇占据。菲舍尔松了一口气,不再抛头露面。纳粹牵头进行的所有研究空心地球的项目后来都终止了,但是地球空心学说并没有随着希特勒而完结。如今还有着众多的地球空心学会,在他们看来,美国国家航空航天局开展的一系列太空计划不过是阻止人类与其内在的自我沟通的障眼法。

基督永生

修黎社和纳粹党都执着于对各种符号和神秘事物的探索,希特勒也钟情于此,他派属下去寻找圣杯、盟约之弧,以及所谓的"命运之矛"。根据约翰关于耶稣被钉于十字架的叙述,"命运之矛"指的是耶稣被绑在十字架上时,为了确认他是否死亡而刺入他身体的矛。不幸的是,《约翰福音》大概写于公元 100 年,作者不可能亲眼看见这一情景,而他因为医学知识落后而犯了一个错误。

古代文明认为,动脉的作用是让空气在周身流动(由其对应的英语单词"a〔i〕rtery"包含着"空气"一词可以看出)。早期解剖学家在解剖时总是发现动脉空空如也,这无疑让他们产生了上述错误认识。但是他们忽略了一件事:人死以后,心脏停止产生压力,血液就会回到静脉中。根据《约翰福音》(19:34)的记载,长矛所刺处"流出了血和水"。但是常看法医题材电视剧的人都知道,尸体无论怎么刺都不会流血。所以该描述不仅不能佐证耶稣死于十字架上,而且证明了相反的结论,即耶稣被钉在十字架上之后仍然活着。故而也不可能有耶稣复活一说。

北极熊的磁极

——外界磁场影响动物体内的生命能量

如果说一个人具有动物磁力,意指其为情场高手,或者魅力超凡。但这个表达起初并没有上述两种含义。动物磁力说首次出现于十九世纪。这门新生"科学"认为,动物磁力是一种存在于宇宙各处的流质,它也存在于人和动物体内,并会受到外部磁力的影响。这个观点一度盛行,催眠理论就是在此基础上产生的。

动物磁力

动物磁力的概念,是由出生于奥地利的弗朗茨·安东·梅斯默(1734—1815)在马克西米利安·黑尔神父(1720—1792)的指导下第一次提出的。黑尔的名字里很不协调地包含了"地狱"这个词("黑尔[Hell]"在英语里有地狱之意——译者注)。马克西米利安·黑尔除了对宇宙感兴趣之外,也热衷于磁疗这一假想理论,这在一定程度上是基于他对中国的"气"这一概念的熟悉。"气"同样也是个令人捉摸不定的概念,它起源于古老的东方,认为人体内流动着某些非常重要的能量,如果这些能量被扰乱,就会产生疾病。通过采用各种方法,比如风水、针灸、磁疗等重新调整气的流动,人就会获得康复。

针灸所用的针以及磁石的作用类似身体的交通警察,它们引导能量在正确的路径上流动。黑尔无暇顾及针灸,他相信人体痊愈的关键是磁石,而不是针。黑尔开始将磁疗纳入自己的理论,而他的学生梅斯默一心一意地追随着他的愚行。

梅斯默也深受英国皇家医生理查德·米德(1673—1754)的影响。米德被称为"弃儿之父",他在伦敦的布鲁姆斯伯里有宽敞住宅,大奥蒙德街儿童医院就是在该住宅的基础上兴建的。米德对天文学很感兴趣,他的好友伊萨克·牛顿发明万有引力定律之后,米德推断,正如行星会对地球产生重力牵引力一般,它们也会以相似的方式影响人或动物体内液体的流动。

月球的重力牵引力会在地球上造成海洋潮汐现象,而人体因其渺小,远远不能产生类似的效果。尽管如此,梅斯默在黑尔和米德的错误前提下提出了动物重力的概念。

月亮的影响

星体对人类健康的影响并不是新鲜话题。英语单词"lunatic"(意为"疯狂的")就来自于拉丁语"luna"(意为"月亮"),因为人们认为圆月会让平时正常的人做出疯狂的行为。这种想法在没有路灯的年代可能有一些道理:有了圆月清辉,人们在户外流连的时间可能会更长,于是有可能比平时喝更多的酒。又或他们也许一贯如此,只不过在有月光的时候更容易被清醒的人看到罢了。

接下来,梅斯默观摩了一次驱魔活动,观察巴伐利亚牧师兼驱魔人约翰·加斯纳(1727—1779)在一次例行的驱魔活动中如何行事。

加斯纳用一个金属十字架击打一个病人,梅斯默称十字架释放出的磁力让病人的着魔症状减轻了。他认为人体的内在磁力性质可能与外部磁力发生了相互作用,从而提出了动物磁力这一概念。

梅斯默认为所有生物体内都存在一种流质,这种流质可以由外部磁力来控制。为了验证自己的假设,梅斯默给病人实施了一系列奇怪的治疗,其中有一种是让病人坐在盛有稀释硫酸溶液的大桶中,手扶着一根通有低压电流的铁条。

梅斯默催眠术

到了1775年,梅斯默放弃了对磁铁和电的使用,因为他相信自己拥有引导和控制人体内物质流动的能力。他让病人坐在用于进行催眠的小隔间里,并告诉病人,这些小隔间能够让"力量"集中作用在他们身上。

梅斯默并不是孤军奋战:许多著名医生都相信他的理论。"催眠术"以其名字命名,盛行于十八世纪的欧洲大陆。平心而论,梅斯默的研究的确为接下来一个开创性的发现奠定了基础;然而不幸的是,他太醉心于动物磁力的观点,而没有发现这一现象的实质。

梅斯默的疗法取得了相当的成功。其实他的疗法介于伪科学和精神治疗之间,取得成功很大程度上是因为他更关注疑病综合征和歇斯底里症患者,以及更愿意采纳他建议的病人。这类病人中,最有名的是钢琴天才玛利亚·特蕾西亚·冯·帕拉迪斯(1759—1824),他的父亲在奥地利皇宫里非常出名,深受女王玛利亚·特蕾西亚青睐,所以他以女王的名字给女儿命名。

正在实施治疗的弗朗茨·安东·梅斯默

玛利亚·特蕾西亚从四岁起便患上了"癔症性失明"。十八岁的她在梅斯默的指引下,视力一度有所改善。但是后来的情况表明,梅斯默有一次利用自己的能力将玛利亚·特蕾西亚催眠,但这次催眠的目的并不是出于为病人治疗和令其康复,于是女孩的父母认为他们别无选择,只能拒绝梅斯默的治疗服务。治疗中断后,玛利亚·特蕾西亚又出现了失明症状,而且再也没有好转过。

流言迫使梅斯默离开维也纳。他回到巴黎,继续干着同样的行当来获利。梅斯默开始记录他在病人身上产生的影响,他称之为"磁恍惚"和"磁梦游"。梅斯默其实是对他的病人进行了催眠,但是他自己没有意识到这一点。

风光不再

随着梅斯默的影响在法国日益壮大,法王路易十六日益不安,认为有必要对此进行科学调查。尽管路易十六本人也接受梅斯默的治疗,他最终于1784年下令成立调查委员会。该委员会中有一名叫约瑟夫·伊涅斯·吉约坦的医生,他本专攻疼痛,在接下来的法国大革命中,因发明了断头台而出名。

一部揭露动物磁力说的作品《一个磁疗师的自白》(1845)的卷首插图

吉约坦和委员会的其他成员并没有发现梅斯默的方法或治疗手段有什么好处,最后宣布他是一个骗子。该委员会的另外一个有名的成员是美国国父本杰明·富兰克林(1706—1790),彼时他以美国驻法大使的身份在造访巴黎。富兰克林也认为梅斯默是个骗子,但是他确实又补充说,梅斯默显然知道精神在疾病治疗中的作用。

催眠术

随着梅斯默风光不再,他的一名法国学生约瑟·法里亚(1746—1819)开始在治疗中加入东方催眠术的相关内容。约瑟·法里亚具有印度和葡萄牙血统,是一名来自印度果阿的僧人。法里亚的尝试具有启发性。他最终认识到,梅斯默疗法的核心内容不是动物磁力,而是催眠术,于是他宣布,"磁力不会产生任何效果;一切都来自病人本身,而且发生在病人的想象中,是病人头脑中产生的自我暗示。"

法里亚对催眠术的理解产生了长期的影响。1841年,英国医生詹姆斯·布雷德(1795—1860)对这种在形式上有所改进的催眠进行了细致的研究,并对之进行完善,形成了他所称的第一个现代的临床催眠法。

催眠术被注入新的活力,有人利用其解释动物的一些现象。北非和印度弄蛇人的行为,只是街头把戏,还是弄蛇人和蛇之间确实发生了更奇妙的事情呢?鸡也是一样的,如果把它头朝下提着,并用粉笔在它的嘴上画一条线,这只鸡似乎就陷入了一种恍惚状态。

但是动物并不能被催眠,这或许会让那些信其有的人感到失望。弄蛇术不过是街头把戏:弄蛇人的笛声对这个骗局来说是完全没有必要的,因为笛声的音高根本不在蛇的听力范围之内。(认为蛇听不见也是错误的——蛇没有外耳,只有内耳,可以感受通过地面传来的震动。)这个把戏的关键在于弄蛇人用脚打拍子,以及笛子的舞动。

眼镜蛇的攻击距离大概是其体长三分之二的范围内,而且它的视力善于捕捉动态影像。弄蛇人不被蛇攻击的秘诀是让自己的位置保持在蛇的攻击范围之外,但是也不能离得太远,否则蛇就会失去兴趣而钻回自己的篮子里去。蛇看上去是在模仿笛子的运动而来回舞动,似乎被催眠了;其实它是在准备伺机攻击弄蛇人。

对于鸡来说,它只是进入假死状态(装死),这仅仅是因为它被捉住了,就像被捕食者抓住了不能动那样,是它感到害怕而出现的自然反应。用粉笔画线不过是在演戏,对于整个过程没有任何作用。

接受"催眠"的鸡

影响犹在

尽管梅斯默催眠术最终衰落了,它催生了新的催眠术,而且它们的影响更大。然而与此同时,一些江湖骗子还在玩着磁疗的把戏。时至今日,相关产业的价值仍有数百万美元之巨。磁力手镯被卖给容易上当受骗的人,据称这种手镯能够改善血液循环,减轻手腕和手的疼痛。在网上查找"英国磁力手镯",会出现两百多万个网址,而输入"美国磁力手镯"的话,会出现将近八百万个网址。

梅斯默关于所有动物体内都流动着普遍存在的力量的观点,也没有完全被人遗忘。对有的人来说,这种力量叫作"生命能",出生于奥地利的精神病学家、精神分析学家威廉·赖希(1897—1957)提出了这种所谓的宇宙能量。对有的人来说,它叫作"弗里尔"(元气)——一种强大的既能给予生命、又能破坏生命的力量,它第一次出现在爱德华·利顿1871年的小说《将临之主》(The Coming Race)里,有人认为这种在小说情节中出现的力量是真实存在的。梅斯默的观点甚至催生了《星球大战》系列电影,影片中"原力"总是出现在愿意承认和驾驭它的人身边。

赖希是西格蒙·弗洛伊德的好朋友,也是所谓"维也纳圈子"的一员。他非常推崇弗洛伊德提出的"性欲"观点,认为性欲就是那种普遍的力量,他给它取了一个名字叫"生命能"(即"orgone",为"orgasm[性高潮]"和"ozone[新鲜空气]"混合而成的词语)。赖希声称他发现了一种持久的宇宙生命能,于是发明了"生命能存储器"。这种"生命能存储器"在很大程度上是脱胎于梅斯默催眠小隔间,赖希请他的实验者进入,并在里面迅速获得极其美妙的宇宙能量。赖希的积蓄器基本上是一个法拉第箱(英国科学家迈克尔·法拉第于1836年发明,目的是为了屏蔽外部电场),箱子外部为木质以绝缘,内部是薄钢板。赖希认为"生命能存储器"里贮藏着浓缩的生命能,如果病人体内的生命能出现了不平衡,可以通过它来治疗疾病。

参与者从箱子里出来以后,会宣称自己感到充满了活力,但赖希是在相信这一学说的人中挑选志愿者的。有趣的是,赖希的确把一些大人物拉到了他的阵营里,就连阿尔伯特·爱因斯坦(1879—1955)也认为这其中可能有一些道理。1941年1月,爱因斯坦与赖希在普林斯顿大学进行了长达五个小时会面。之后爱因斯坦宣布,如果赖希的实验显示,在无法识别热源的情况下可以检测到"生命能存储器"内温度升高,这将违背基本的物理法则。

赖希带着"生命能存储器"又来到普林斯顿大学,以便爱因斯坦能够亲自观察温度升高现象。爱因斯坦进行了观察,并且发现存储器内部的温度确实升高了。然而这种升温只能在箱子的上半部分被检测到,并很快证实,这种温度变化只是房间内空气对流本身造成的结果,并不是来自宇宙的影响。

存储器并不是密封的,它唯一能够存储的便是来自外部的温暖空气。1954 年,美国食品和药品监督管理局向赖希发布了一道禁令,禁止他再出售或运输自己的存储器。但彼时的赖希偏执而狂妄,他产生了夸大妄想,对该禁令置之不理。他在一间隔离病房里度过了自己最后的时光,从某种意义上可以说是郁郁而终。赖希的存储器如今仍在网上有售,价格仅为五千美元。刻薄的人也许会说它像一个内层衬有钢板的棺材,但仍有许多人愿意花这个价钱,享受与宇宙融为一体。

更新换代

布尔沃-利顿(Bulwer-Lytton)的"弗里尔"(元气)说也许是梅斯默催眠术最为有害的后果。《将临之主》一书将空心地球学说(参见本书相关章节:来自地底的蓝色乡愁)与梅斯默催眠术的普遍力量结合在一起。对布尔沃-利顿而言,"元气像一种神奇的液体,它流淌在居于地底的超级种族的体内,他们伺机想要夺取地球的统治权。这个故事在国际上获得了很高的知名度,甚至引发了某些品牌的灵感,比如"保卫尔(Bovril)"这个牛肉汁品牌,它就是"牛(bovine)"和"元气(vril)"组合而成的。

《将临之主》在德国极受欢迎,尤其是在一些二十世纪早期出现的社团中间。其中,修黎社尤其认为这本书是以小说的形式讲述现实。修黎社成员认为地球是一个空心的容器,其间居住着传说中的雅利安种族,他们伺机准备冲破地表并统治世界。

后来修黎社的成员建立了纳粹党(参见本书相关章节:来自地底的蓝色乡愁)。在希姆莱的推动下,希特勒成立了"精神历史和德国祖先遗产研究会",其主要宗旨是证明地下超级种族的存在,与他们建立联系,并且向他们保证地面上有盟友,在时机到来时会支持他们。

> **不看不知道：科学谎言大揭秘**
> - 在北半球和南半球，水沿着放水孔流动的方向并没有不同。
> - 金鱼的记忆力很好，甚至能够学会一两个把戏！
> - 黑洞不会把周围的物质都吸进去。
> - 电流实际上是由负极流到正极。
> - 大爆炸理论描述的不是宇宙的开端，而是宇宙早期的进化。

1938 年，德国探险队便是带着上述不可告人的目的前往西藏的。这次探险是在纳粹党卫军成员、德国搜寻者恩斯特·塞弗尔（1910—1992）及其探险队副官、同为纳粹党卫军成员的布鲁诺·贝尔格（1911—2009）的领导下进行的。探险的表面目的是研究当地的地理与文化，但是贝尔格和他的党卫军同事除了测量当地人的头骨，并按照测量结果制作了颅相学的头骨模型之外，几乎什么都没有做。

关于动物磁力这个话题，我们最后要说一说杰出的火箭科学家威利·莱（1906—1969），1935 年，莱明智地离开了德国。1947 年，他写了一篇题为《纳粹的伪科学》（*Pseudoscience in Naziland*）的文章，其中提到了修黎社的一个分支，它是完全依据布尔沃-利顿的《将临之主》中的内容而成立的。

"下一个团体完全是以一本小说为依据而成立的，"莱写道，"这个团体我记得叫'真理会'，主要在柏林活动，将其闲暇时间用来寻找元气。"在今天，欧洲和北美仍然遍布着相关的学会。也许得有人告诉他们，那不过是无稽之谈。

液体财富

——人体由血液、黏液、黄胆汁、黑胆汁这四种体液构成

从古希腊到十九世纪中晚期，人们信奉"体液学说"。该学说认为人体由黏液、黄胆汁、黑胆汁和血液这四种主要液体构成，它们之间的不平衡会导致身体和精神上的疾病，比如体内黏液过多让人冷漠迟缓，血液过多让人乐观自信，黄胆汁过多会导致霍乱，而黑胆汁过多会导致忧郁。这四个基本概念构成了关于健康和疾病的一个综合理论框架，供医生采用，直到十九世纪才被科学的医学取代。

这幅雕刻作品创作于16世纪，它展示了四种体液之间的平衡理念

理论基础

体液理论源于希波克拉底派医学。这一派的创始人是古希腊医师希波克拉底(公元前 460—公元前 370),它在接下来的两个世纪又得到了丰富和发展。后来,希腊医学界的重要人物、内科兼外科医生伽林(公元 129—210 年)将《希波克拉底文集》介绍给了西方。该理论认为四种体液各与身体的某一部分相联系,并分别与四种基本元素一一对应:黏液对应的是大脑和水,血液对应的是心脏和空气,黑胆汁对应的是脾脏和土,黄胆汁对应的是肝脏和火。四种体液的性质分别是热、冷、干和湿。

希波克拉底的研究方法是整体性的,因为古希腊反对解剖人类尸体,从而对人体解剖学知之甚少。于是古希腊的医生更喜欢通过对病人进行外在检查而发现疾病征兆。医生认为他们能够通过观察病人的面色而判断出病人体内四种体液复杂的平衡状况。英语中"面色(complexion)"一词,正是由"复杂的(complex)"演化而来。体液学说也是化妆品行业盛行的一个原因,因为无论男女都想以脸表明自己身心无恙。随着体液学说的发展,它纳入了"你吃什么就是什么"的观点。食物被按照对不同体液的作用而分类,并形成了中世纪欧洲不同的烹饪风格(见以下方框内容)。

食物,伟大的食物

在中世纪欧洲,不同国家在食物对人体内体液平衡的影响的看法上略有不同。人们认为红肉会让血液产生愤怒,但在烹饪过程中使用蜂蜜会缓和这一效果。胆汁的不平衡可以通过在食物中添加藏红花来治疗。体液理论不仅占领了中世纪的厨房,它也让厨师获得了医生一般的地位,他们不仅收入丰厚,而且广受尊敬。

甚为血腥

信奉体液学说的人认为身体有自愈能力。这一原理的机制就是为了帮助身体在一个自然的过程中康复。为了缓解发烧症状或排出体内多余的血液，人们通常采用放血疗法，这一做法一直延续到十九世纪中期。医生青睐放血疗法，他们无视病人的症状而无情地对其进行放血，而结果往往是致命的。美国总统乔治·华盛顿（1731—1799）、英国诗人拜伦勋爵（1788—1824）、苏格兰诗人兼剧作家沃尔特·司各特爵士（1771—1832）都是因为接受了好心医生的放血治疗而死去的。

1804年的版画：血将流出

为改善面色而采用放血疗法的做法变得非常流行，即便是理发师也能帮病人放上一两品脱血液。在十四世纪，医生是由僧侣来充任的，但是根据教皇的规定，僧侣不可以见血，所以成立了"尊敬的理发师和外科医生协会"，以便让理发师帮助僧侣给病人放血。1745年，外科医生脱离该协会成立了外科医生协会。理发师和外科医生协会解体了,但其痕迹在理发铺的门柱上仍然可见:柱子顶端的黄铜帽代表着收集血液的碗,红白相间的条纹代表着血液从绷带包扎的伤口中渗出。

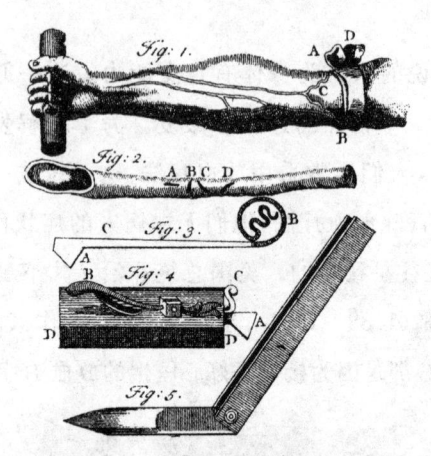

放血疗法采用的工具和技巧,摘自1759年出版的《手术概论》

> **对语言的影响**
>
> 持体液学说的人认为勇气来源于肝脏,而不是心脏。心脏是与学习有关,因此有"用心学习某事"的说法。人们认为肝脏里容纳着黄色的胆汁,胆汁在人遇到压力时会自肝脏流出,因此胆小的人被称为有"百合花一般白色的肝脏"或者"黄色的肚皮"。

顺势而生

希波克拉底医学理论强调大脑对情感的影响作用,这一观点在古希腊颇有新意,因为古希腊人认为心脏与人精神方面的功能有关。赞同体液学说的人认为心理健康取决于体液的平衡,这一观点后来成为现代心理学的基础。在英语中,"temper"的意思是混合或调和某物,如果将体液正确地调和在一起,就会产生好的性情(temperament)。

最初，心理学家认为人的性情主要分为四种，它们分别由四种体液来支配。多血质的人冲动、外向、高傲，会在伤害他人的过程中获得快感；胆汁质的人具有进攻性，控制欲强，在政治领域有出色表现；黏液质的人兼具服从性和进攻性，适于追随别人；抑郁质的人则以自我为中心。尽管这些描述比较宽泛，它意味着人们开始从科学的角度了解处于心不在焉或沮丧状态的人的想法。

面相透露一切：四种体液对应的面相
（自上起顺时针方向分别为黏液质、多血质、抑郁质和胆汁质）

顺势疗法也是依据体液学说而产生的。出生于德国的医生克里斯琴·塞缪尔·弗里德里希·哈尼曼(1755—1843)担心人们采用放血疗法、水蛭吸血法、通便法等既不体面，又会危及生命，于是研究其他的方法。他的想法是，与其把体液从身体里放出来，为什么不能通过更为精妙的手段实现体液间的平衡呢？1810年，他在《顺势疗法》(The Organon of Homeopathic Medicine)中发表了自己的观点。

哈尼曼决定以毒攻毒，这无疑受到了全科医生爱德华·詹纳(Edward Jenner)(1749—1823)关于接种和疫苗的理论的影响。他提出，为治疗一种疾病而采用的药物应该是这样的：如果这种药物被施以很大的剂量，就会让病人产生其相应症状，而治病时，采用经稀释的小剂量即可。有趣的是，"顺势疗法(homeopathic)"这个词的两个组成部分，即"homeo"和"pathos"在希腊语中分别是"相同"和"痛苦"的意思。可惜哈尼曼在这个想法上走得太远，他开始夸大稀释剂的功效，称它经过医生的振荡之后，会释放出"非物质的、精神方面的力量"。他甚至认为医生只要用掌根碰一下药剂瓶，就会让药剂"稀释程度加倍"，药的力道会由此减半，但疗效会大大增强。

尽管哈尼曼认为药剂浓度越低，治疗效果越好，这是不太符合逻辑的，顺势疗法论者还认为水对其所触及的所有事物都有记忆力，所以当一种物质被稀释到了几乎不存在的程度时，其效力是最强的，如今，许多顺势疗法医师还相信这一点，但让我们权当他们是被误导了吧，否则数世纪以来，地球上的水容纳了各种化学物质和排泄物，肯定应该是人类所知道的毒性最大的物质了。尽管哈尼曼的理论中有些内容异乎寻常，我们仍然要感谢他，因为他在病人最需要血的时候没有让他们放血，从而拯救了许多病人。

关于哈尼曼的稀释原理，我自己用威士忌做了实验，我敢把手放在胸口发誓：把一滴酒液掺进一品脱水之后喝下去，酒劲并没有大得让我从椅子上跳起来。它比纯正的威士忌可差远了。

参考文献

50 Great Myths of Popular Psychology by Scott O. Lilienfield, Jay Lynn, John Ruscio and Barry L. Beyerstein (Wiley-Blackwell, 2010)
Bad Astronomy by Philip C. Plait (John Wiley & Sons, 2002)
Bad Medicine by Christopher Wanjek (John Wiley & Sons, 2002)
Bad Science by Ben Goldacre (Harper Perennial, 2009)
Boffinology by Justin Pollard (John Murray Publishers, 2010)
Elephants on Acid and Other Bizarre Experiments by Alex Boese (Pan Books, 2009)
Eureka! by Adrian Berry (Harrap Books, 1989)
The Greatest Benefit to Mankind by Roy Porter (HarperCollins, 1997)
The History of Medicine : A Very Short Introduction by William Bynum (OUP, 2008)
The Mad Science Book by Reto U. Schneider (Quercus, 2008)
The Skeptic's Dictionary by Robert Todd Carroll (John Wiley & Sons, 2003)
Trick or Treatment? by Simon Singh and Edzard Ernst (Corgi Books, 2009)
Science and the Practice of Medicine in the Nineteenth Century by William F. Bynum (CUP, 1994)
Science Was Wrong by Stanton T. Friedman and Kathleen Marden (Career Press, 2010)

图片出处

Page 16, 19 www.karenswhimsy.com/publi-domain-images; 34 Mary Evans Picture Library/Interfoto Agentur;35©Science Museum/Science & Society Picture Library (all rights reserved); 42 Library of Congress (LC-DIG-ppmsca-27955);46©The Art Archive/Alamy;52,84 www.clipart.com;81 Walter Daran/Time& Life Pictures/Getty Images;62,101 Mary Evans Picture Library; 75 Courtesy of Institute for Nearly Genius Research,www.bonkersinstitute.org;80 Interfoto/Sammlung Rauch/Mary Evans Picture Library;83 Miles Kelly/fotoLibra;102 Roberto Castillo/www.shutterstock.com;105 lynea/www/shutterstock.com

图书在版编目(CIP)数据

地球是平的:关于科学的历史误读/(英)格雷姆·唐纳德(Graeme Donald)著;刘显蜀译. —北京:商务印书馆,2016(2019.2 重印)
ISBN 978 - 7 - 100 - 12375 - 4

Ⅰ.①地… Ⅱ.①格…②刘… Ⅲ.①科学知识—普及读物 Ⅳ.①Z228

中国版本图书馆 CIP 数据核字(2016)第 160110 号

权利保留,侵权必究。

地球是平的
—— 关于科学的历史误读

〔英〕格雷姆·唐纳德 著
刘显蜀 译

商 务 印 书 馆 出 版
(北京王府井大街36号 邮政编码100710)
商 务 印 书 馆 发 行
艺堂印刷(天津)有限公司
ISBN 978 - 7 - 100 - 12375 - 4

2016 年 11 月第 1 版 　　开本 880×1230　1/32
2019 年 2 月第 2 次印刷 　印张 4⅜

定价:22.00 元